Gemeinsamer
Europäischer
Referenzrahmen

Mittelpunkt
neu B2
Intensivtrainer Wortschatz und Grammatik

欧标德语教程

B2　词汇语法强化训练

编　著：[德] 马尔吉特·道比克

娜嘉·福格特

卡嘉·丰克－切诺伊

斯特凡·克罗伊茨穆勒

克劳斯·F. 毛池

卡洛琳·兰

丹妮艾拉·施迈泽

海德卢恩·特兰普·所阿勒斯

编　译：田春雨

上海译文出版社

图字：09–2022–0228

图书在版编目（CIP）数据

欧标德语教程. B2. 词汇语法强化训练 / (德)马尔
吉特·道比克等编著；田春雨编译. — 上海：上海译
文出版社, 2024.5
ISBN 978–7–5327–9547–5

Ⅰ.①欧⋯　Ⅱ.①马⋯ ②田⋯　Ⅲ.①德语—习题集
Ⅳ.①H33

中国国家版本馆CIP数据核字(2024)第072423号

欧标德语教程B2（词汇语法强化训练）
［德]马尔吉特·道比克　等　编著
田春雨　编译
————————
上海译文出版社有限公司出版、发行
网址：www.yiwen.com.cn
201101　上海市闵行区号景路159弄B座
上海华顿书刊印刷有限公司印制
————————
开本890×1240　1/16　印张7.25　字数258,000
2024年5月第1版　2024年5月第1次印刷
印数：0,001–3,500册

ISBN 978–7–5327–9547–5/H · 1602
定价：39.00元
————————
如有质量问题，请与承印厂质量科联系。T: 021-36162648

《欧标德语教程 B2（词汇语法强化训练）》
使用说明

《欧标德语教程 B2（词汇语法强化训练）》（下称《B2 词汇语法强化训练》）是为《欧标德语教程 B2（学生用书）》（下称《B2 学生用书》）和《欧标德语教程 B2（练习册）》（下称《B2 练习册》）精心定制的配套专项强化练习材料。本书既可以用于课堂的差异化教学，也可供使用者自学。

本书结构

本书共有十二课，在语法讲解和词汇方面与《B2学生用书》和《B2练习册》一一对应。虽然在编写上也采用了循序渐进的编排方式，但它本身的结构并没有遵循每个板块双页面的原则，而是设定了自己的重点，即对学生用书和练习册中出现的语法现象和词汇进行研究和针对性练习。本书的参阅标识系统也和学生用书中的一样，会标注出与之相对应的学习任务及练习。

LB: B1 ▶ 在学生用书部分

（例如：此处表示参见学生用书中该课 B 板块的学习任务 1）

AB: B1 ▶ 在练习册部分

（例如：此处表示参见练习册中该课 B 板块的练习 1）

针对《B2学生用书》和《B2练习册》中的每一课，本书还准备了大量词汇和语法的补充练习。每个练习用如下三个字母来标注：

Ⓦ 表示复习 (Wiederholung)

Ⓥ 表示强化 (Vertiefung)

Ⓔ 表示拓展 (Erweiterung)

借助这些字母标识，不管是教师在课堂上，还是学习者在自学时，都可以轻松地决定是否要复习Ⓦ学生用书和练习册中的内容，还是要更深入地研究Ⓥ某个主题或熟悉的结构，从而能拓展出Ⓔ新的视角和观点。拓展练习主要针对学习能力较强的使用者。无论在课堂上还是在家里，这个清晰的参阅标识系统都能让差异化学习变得更简单。本书还为使用者留出足够多的书写空间，练习答案可与书后的参考答案进行对比。

除了词汇和语法练习，本书还提供符合德语正字法规则的拼写练习。书中的听力练习也都以《B2 学生用书》（如 LB ⏺4）和《B2 练习册》（如 AB ⏺3）的音频材料为基础，适合使用者进行差异化学习。

出版社和编著团队祝您在使用《B2（词汇语法强化训练）》以及《B2 学生用书》和《B2 练习册》时都能够乐趣多多，收获满满！

目录 Inhaltsverzeichnis

1

A Reisen

1 Wortschatz: Reisen

(W) **a** Lesen Sie die Sätze und ergänzen Sie die Komposita mit „Reise" mit den passenden Wörtern aus dem Schüttelkasten. Denken Sie auch an das Fugen-s. **AB: A1** ▶

> Ab | Apotheke | Bildung | Bus (2x) | Dienst | Dokumente | Ein | Fieber |
> Flug | Führer | ~~Gepäck~~ | Gruppe | Kosten | Pass | Route | Veranstalter

1. Achten Sie besonders auf Flughäfen und auf Bahnhöfen auf Ihr Reise *gepäck* .

2. Beeilen wir uns, der Reise .... fährt in wenigen Minuten ab.

3. Halten Sie Ihre Reise .... bereit, sie werden gleich kontrolliert.

4. Bei einer .... reise trägt natürlich der Arbeitgeber die Reise ....

5. .... reisen werden im Vergleich zu .... reisen immer beliebter.

6. Bitte bleiben Sie bei Ihrer Reise ...., sonst verspätet sich die .... reise für alle.

7. Wir sind schon sehr aufgeregt und haben Reise ....

8. Wir wünschen gute Reise – Ihr Reise ....!

9. Ihre Reise .... sollte ein Medikament gegen Schmerzen enthalten.

10. Für die .... reise benötigen Sie einen gültigen Reise ....

11. .... reisen sind ganz aus der Mode gekommen.

12. Unsere Reise .... führte uns heute über München nach Stuttgart.

13. Dieser Reise .... ist leider zu groß für meine Handtasche.

(V) **b** Lesen Sie den Tipp. In welchen Zusammensetzungen in 1a ist „reisen" das Bestimmungswort? Notieren Sie die Wörter mit Artikel.

das Reisegepäck,
....

....

> Zusammensetzungen bestehen aus zwei oder mehreren Wörtern. An letzter Stelle steht das Grundwort. Es legt das Genus der Zusammensetzung fest. Mit dem Bestimmungswort wird die Bedeutung des Grundwortes präzisiert, z. B. der Bus + die Fahrt = die Busfahrt.

2 Richtig schreiben: Zwei oder drei Konsonanten?

(E) **a** Lesen Sie zuerst den Tipp und dann die Wörter in Teil A oder B. Arbeiten Sie, falls möglich zu zweit. Diktieren Sie Ihrem Partner / Ihrer Partnerin Ihre Wörter. Er / Sie diktiert Ihnen dann seine / ihre Wörter. Kontrollieren Sie Ihre Ergebnisse zum Schluss gemeinsam.

> Wenn drei gleiche Konsonanten aufeinander folgen, handelt es sich oft um Komposita, z. B. die Schloss-Straße → die Schlossstraße. Das Wort kann dann mit oder ohne Bindestrich geschrieben werden.

A
1. Schif *ff* ahrt
2. Satz ..... eichen
3. Stof ..... arbe
4. Ab ..... uchung
5. Mit ..... eilung
6. Schwim ..... eisterschaft

B
1. Schlus ..... atz
2. Sommer ..... eise
3. Bet ..... uch
4. Kultu ..... eise
5. Kongres ..... tadt
6. Stran ..... ecke

(E) **b** Ergänzen Sie bei den Wörtern von 2a noch den bestimmten Artikel und schreiben Sie sie, wo möglich, in der alternativen Schreibweise wie im Beispiel.

A 1. *die Schiff-Fahrt*
2. ....
3. ....
4. ....
5. ....

B 1. ....
2. ....
3. ....
4. ....
5. ....
6. ....

3 Sprüche übers Reisen

Ergänzen Sie die Sprüche mit den Wörtern aus dem Schüttelkasten. **LB: A2**

> Gedanken | Geist | Himmel | rennst | Schildkröten | versteht | Vorurteilen | ~~zu Fuß~~

1. Nur wo du _zu Fuß_ warst, bist du auch wirklich gewesen. *(Johann Wolfgang von Goethe, 1749–1832)*

2. Reisen veredelt den _____ und räumt mit unseren _____ auf. *(Oscar Wilde, 1854–1900)*

3. Was ist das erste, wenn Herr und Frau Müller in den _____ kommen? Sie bitten um Ansichtskarten.
   (Christian Morgenstern, 1871–1914)

4. _____ können dir mehr über den Weg erzählen als Hasen. *(chin. Sprichwort)*

5. Je weiter du _____, desto weniger kennst du. Der Weise _____ die Welt, ohne zu reisen.
   (Laotse, 6. Jh. v. Chr.)

6. Man reist nicht billiger und schneller als in _____. *(Georg Weerth, 1822–1856)*

4 So oder lieber anders? – Reisefragebogen

Lesen Sie die Stichworte und notieren Sie einen möglichen Gegenvorschlag zu den Vorgaben. Die Aufgaben 4 bis 5 im Arbeitsbuch 1A können Ihnen helfen. **AB: A4–5**

1. Zu Hause bleiben oder lieber _wegfahren_ ?

2. Campingtour oder lieber _____ ?

3. Abenteuerurlaub oder lieber _____ ?

4. Kultur oder lieber _____ ?

5. Hotel oder lieber _____ ?

6. Ein Doppelzimmer oder lieber zwei _____ ?

7. Buchen: über das Internet oder lieber _____ ?

8. Allein reisen oder lieber _____ ?

B Urlaubsreisen

1 Urlaubsreisen – Zusammensetzungen in Werbetexten

Lesen Sie die Werbetexte im Lehrbuch 1B, 1, noch einmal und ergänzen Sie dann die Wörter mit den Elementen aus dem Schüttelkasten. **LB: B1**

> anzahl | ausflug | bereich | erlebnisse | fähigkeit | fahrt | gang | glück | gymnastik | ~~nordseite~~ | ort |
> pension | theater | tour | training | urlaub | welt | wochen

1. Alpen_nordseite_
2. Gipfel_____
3. Herbst_____
4. Hütten_____
5. Leistungs_____
6. National_____
7. Ruhe_____
8. Rund_____
9. Sauna_____
10. Tages_____
11. Teilnehmer_____
12. Trekking_____
13. Überlebens_____
14. Urlaubs_____
15. Verwöhn_____
16. Wasser_____
17. Wellness_____
18. Wüsten_____

2 Nach der Anstrengung – Adjektive, Nomen oder Verben

(w) Ergänzen Sie Adjektive, Nomen oder Verben aus den Wortstämmen. Jeder Wortstamm wird zweimal verwendet. **AB: B1**

> aktiv | beweg | entspann | ruh | sport

- Oh, ich brauche dringend [1] *Ruhe* ....
- □ Ja, ich bin auch müde und muss [2a / b] .... !
- Ich habe Muskelkater … Gestern habe ich [3a] .... nämlich zu viel [3b] .... ! Laufen am Vormittag, Tennis am Nachmittag!
- □ Also mein Arzt sagt, in [4] .... bleiben ist gesund.
- Ich muss aber den richtigen [5] .... erst für mich finden! Au, meine Beine …
- □ Du hast Muskelkater, obwohl du so [6] .... bist? Du solltest deine Muskeln nach dem Training [7] .... , zum Beispiel im Dampfbad.
- Gute Idee, kommst du mit ins Dampfbad?
- □ Ja, gern! Die [8] .... wird auch mir gut tun. Welche [9] .... hast du für heute Abend noch geplant?
- Oh, ich war [10] .... genug heute. Ich werde nach dem Essen schlafen gehen.

3 Urlaubspläne – Verben

(w) Welche Alternative passt nicht? Streichen Sie sie. **AB: B2**

Hallo Elke,
gestern habe ich endlich unser Hotel [1] geplant/gebucht. Zum Glück war noch ein Zimmer [2] frei/reserviert. Wir wollen in diesem Urlaub endlich mal [3] entspannen/aktiv sein. Es gibt verschiedene Radwege, auf denen wir die Umgebung [4] erkunden/beobachten werden. Das Hotel selbst [5] bietet/verfügt auch einige Möglichkeiten für sportliche Aktivitäten. Im Fitness-Raum können wir auch bei Schlechtwetter Sport [6] veranstalten/treiben. Wenn das Wetter gut ist, werden wir den Aufenthalt um eine Woche [7] verlängern/beenden und viel im Freien sein.
Auf bald, Martha

C Reiseplanung

1 Höflich diskutieren – Redemittel

(w) a Wie heißen die Redemittel? Ergänzen Sie die Wörter aus dem Schüttelkasten. **LB: C2 + AB: C2**

> Ansicht | einerseits | erklären | gemeinsame | Meinung | recht | stimmt | verstanden | verstehe | Vorschlag

A. Meiner *Meinung* .... nach …

B. Könntest du das bitte noch mal .... ?

C. Bist du nicht auch der .... , dass …

D. Moment, da hast du mich falsch .... !

E. Dein .... ist dumm, weil …

F. Das .... so doch gar nicht!

G. Ich .... deine Argumente gut, aber …

H. Das ist .... nicht falsch, andererseits

I. Vielleicht hast du .... , aber ich meine trotzdem, …

J. Wäre es nicht möglich, dass wir eine .... Lösung finden?

b Ordnen Sie den Redemitteln in 1a eine der folgenden Alternativen zu.

1. Also ich finde, …   1. [A]

2. Denkst du etwa nicht, dass …   2. ◯

3. Das klingt logisch für mich, aber …   3. ◯

4. Mag sein, dass das stimmt, was du sagst, aber …   4. ◯

5. Nein, so habe ich das nicht gesagt!   5. ◯

6. Was du sagst, passt echt nicht, denn …   6. ◯

7. Ich versteh das echt nicht. Sag es noch mal.   7. ◯

8. Blödsinn! Alles falsch, was du sagst!   8. ◯

9. Wir sollten das Problem gemeinsam lösen.   9. ◯

10. Teilweise stimme ich mit dir überein, aber …   10. ◯

2 Familienurlaub – Die Satzklammer

a Bilden Sie Sätze mit folgenden Elementen und schreiben Sie sie in die Tabelle. Auf Position 1 steht jeweils das Subjekt.
`LB: C3a + AB: C4a`

1. Thomas – nach Peru – fliegen – in diesem Sommer – wollen – für sechs Wochen
2. mögen – für so lange Zeit – reisen – seine Freundin Eva – nicht – in die Ferne
3. eine kurze Reise – gefallen – ihr – viel besser – werden (Konjunktiv II)
4. eine zweiwöchige Schiffsreise – sie – machen – möcht- – am liebsten
5. erzielen – die beiden – nach langen Gesprächen – können – eine Einigung – zum Glück
6. verreisen – erst im nächsten Jahr – sie – gemeinsam – werden (Futur I)
7. Urlaub mit Freunden – machen – wollen – beide – in diesem Sommer

Position 1	Position 2	Mittelfeld	Satzende
1. Thomas	will	in diesem Sommer für sechs Wochen nach Peru	fliegen.
2.			
3.			
4.			
5.			
6.			
7.			

b Schreiben Sie die Sätze in 2a in Ihr Heft. Stellen Sie das Subjekt nun ins Mittelfeld. `LB: C3b + AB: C4b`

1. In diesem Sommer will Thomas für sechs Wochen nach Peru fliegen.

c Schreiben Sie die Sätze in Ihr Heft und stellen Sie jeweils das markierte Element auf Position 1.

1. Familie Müller – am Samstagabend – zwei Stunden lang – über Urlaubspläne diskutieren (Perfekt)
2. Herr Müller – am liebsten – einen Wanderurlaub in den Alpen – machen (Konjunktiv II)
3. Seine Tochter Marie – mit Freunden – eine Sprachreise nach Spanien – buchen (Perfekt)
4. Ihr Bruder Tom – die Ferien – in einem Tenniscamp – verbringen (Futur I)
5. Seine Frau Thea – mit ihm – in die Berge – fahren wollen (Präsens)
6. Aber – sie – dort – einen Wellnessurlaub – machen (Futur I)

1. Familie Müller hat am Samstagabend zwei Stunden lang über Urlaubspläne diskutiert.

3 Haupt- und Nebensätze und ihre Stellung im Satz

(w) Bilden Sie Sätze mit folgenden Elementen und schreiben Sie sie in die Tabelle. Tauschen Sie dann jeweils die Reihenfolge von Haupt- und Nebensatz. **LB: C4a + AB: C5a** ▸

1. Herr und Frau Müller möchten, dass die Familie zusammen Urlaub macht.
2. Tom möchte nicht in die Berge, weil er Wandern hasst.
3. Wenn Marie eine Sprachreise macht, kann sie ihr Spanisch verbessern.

Hauptsatz	Nebensatz		
1. Herr und Frau Müller möchten,	dass	...	

Nebensatz		Hauptsatz	
1. Dass	die Familie ...		

D Mobilität im globalen Dorf

1 Wortschatz: Mobilität

(w) **a** Ordnen Sie den Begriffen aus dem Zeitungskommentar im Lehrbuch 1D, 1b, die passende Umschreibung zu. **LB: D1b** ▸

1. auf Achse sein	A. Partnerschaft mit sehr wenigen persönlichen Treffen	1.	E
2. nomadische Lebensweisen	B. keinen festen Arbeitsort haben	2.	☐
3. lockere Beziehungsnetze	C. an mehreren verschiedenen Orten leben	3.	☐
4. zentrale Stichworte	D. immer weniger Anteil am Leben des Partners haben	4.	☐
5. mobile Berufe	E. unterwegs sein	5.	☐
6. Beziehung auf Distanz	F. persönliche Freiheit	6.	☐
7. Entfremdung vom Partner	G. entscheidende Punkte	7.	☐
8. individuelle Autonomie	H. mit vielen Personen einen Kontakt pflegen, der nicht intensiv ist	8.	☐

(v) **b** Lesen Sie den Artikel und ordnen Sie den Vorteilen auf der nächste Seite die entsprechenden Zeilennummern zu. **AB: D2** ▸

Die große Frage im Sommer: Wegfahren oder Urlaub auf „Balkonien"?

Als Ausgleich zum unruhigen Alltag schätzen viele Deutsche einen Urlaub zu Hause: auf dem Balkon, der Terrasse oder im eigenen Garten.

Was den einen schrecklich langweilig erscheint, finden andere entspannend. Die bekannte Umgebung erspart viel Stress: Man versteht die Sprache, kennt die beste Pizzeria in der Nähe und ist vertraut mit den Fahrkartenautomaten. Während die einen sich selbst vom Stau, von verspäteten Zügen und überbuchten Flugzeugen nicht ärgern lassen, genießen die anderen den Urlaub von der ersten bis zur letzten Minute und das ganz ohne Jetlag! Für manche „Balkonier" sind auch ökologische Überlegungen ausschlaggebend: Selbst öffentliche Verkehrsmittel belasten die Umwelt, aber Flugreisen verursachen einen besonders hohen CO_2-Ausstoß.

„Wenn einer eine Reise tut, dann kann er was erzählen.", sagt man. Doch was erzählen die Reisenden? Die Balkonurlauber lesen auf den Hotel-Websites mit Vergnügen die Kommentare der enttäuschen Touristen. Dort wird berichtet, wie falsch die Versprechungen über die Hotelausstattung in den Prospekten waren und wie schlecht das Essen war.

Das Geld, das Heimurlauber bei den Reisekosten sparen, investieren sie in zahlreiche Bücher und in einen neuen Liegestuhl, um den sie sich dann mit niemandem streiten müssen …

(S. Hepting)

Die Vorteile des Urlaubs auf Balkonien sind …

1. in Ruhe viel lesen können: Z. *23 – 26* ....
2. keine Reisekosten: Z. ....
3. Vertrautheit mit dem Ort: Z. ....
4. Umweltfreundlichkeit: Z. ....
5. kein An- und Abreisestress: Z. ....
6. keinen Ärger im Hotel: Z. ....

(W) c Lesen Sie noch einmal die Redemittel im Arbeitsbuch 1D, 2. Beschreiben Sie die Nachteile des Urlaubs auf „Balkonien"
mithilfe dieser Redemittel und der Stichworte im Schüttelkasten.

> keine neuen Orte und Menschen kennenlernen | keine Abwechslung zum Alltag bieten | zu viel Hausarbeit machen |
> nur Lesen langweilig sein | oft vor dem Fernseher sitzen

1. *Ein Riesennachteil ist, dass man keine neuen Orte und Menschen kennenlernt.* ....
2. ....
3. ....
4. ....
5. ....

E Wenn einer eine Reise tut …

1 Gründe angeben – Kausale Haupt- und Nebensätze

(W) a Analysieren Sie die Sätze: Welche sind Haupt- (H), welche Nebensätze (N)? Kreuzen Sie an und markieren Sie das Wort,
das jeweils die Begründung einleitet oder sich auf diese bezieht. AB: E2b

1. Bert macht eine Reise nach Japan ☒ N , weil er einen Fotoauftrag bekommen hat. H ☒
2. Er soll Städte fotografieren H N , denn es erscheint ein neuer Bildband über Japan. H N
3. Da er ein sehr erfahrener Fotograf ist H N , hat er diesen Auftrag bekommen. H N
4. Er wird in vier Städten arbeiten. H N Daher hat er zwei Wochen eingeplant. H N
5. Danach reist er weiter ans Meer H N , weil er einige Urlaubstage anhängen möchte. H N
6. Er freut sich sehr auf den Strand H N . Entspannung ist ihm nämlich auch wichtig. H N
7. Der Flug ist sehr teuer H N , deshalb wird Bert nicht wieder nach Japan fliegen. H N

(W) b Ordnen Sie die in 1a markierten Wörter zu.

Verbindungsadverb	Nebensatzkonnektor	Konjunktion (Hauptsatzkonnektor):
	weil,	

(W) c Ändern Sie die Reihenfolge bei den Satzgefügen in 1a, die aus einem Hauptsatz und einem Nebensatz bestehen, und
notieren Sie die Sätze wie im Beispiel.

1. Weil Bert einen Fotoauftrag bekommen hat, macht er eine Reise nach Japan.
....
....

② Gründe angeben – Kausale Verbindungsadverbien

(W) Schreiben Sie die Sätze im Präteritum in Ihr Heft und verknüpfen Sie sie mit einem Verbindungsadverb. AB: E2d–e ▸

1. nämlich: die Rückreise – Bert – antreten können – planmäßig – nicht – streiken – die Piloten
2. deshalb: verschieben werden – um einen Tag – der Abflug – übernachten müssen – auf dem Flughafen – er
3. daher: er – seinen Anschlussflug – auch – er – nicht mehr bekommen – einen wichtigen Termin – verpassen
4. deswegen: verärgert sein – sie – er – auch nicht feiern können – der Geburtstag seiner Freundin Nora
5. darum: ihn – Nora – verlassen – sie – sein Beruf – machen – unglücklich

1. Bert konnte die Rückreise nicht planmäßig antreten, die Piloten streikten nämlich.

③ Gründe angeben – Kausale Präpositionen

(W) Lesen Sie den Tipp im Arbeitsbuch 1E, 3a, noch einmal und ergänzen Sie dann die Sätze mit den Präpositionen aus dem Schüttelkasten. AB: E3a ▸

> aus | aufgrund | dank | vor | ~~wegen~~

[1] *Wegen* des schlechten Wetters wurden viele Flüge nach Tokio verschoben. Aber [2] _____ der Verspätung musste Bert zwei Tage in Frankfurt warten. [3] _____ Langeweile fotografierte er den Flughafen. [4] _____ dieser Fotos bekam er einen Auftrag der Stadt Frankfurt. Dann wollte er [5] _____ Freude darüber nach Frankfurt ziehen.

F Arbeiten, wo andere Urlaub machen

① Die Geschichte des Strandkorbs – Kausale Verbindungen

(V) Ergänzen Sie die kausalen Konnektoren, Verbindungsadverbien oder Präpositionen. Manchmal gibt es mehrere Lösungen. LB: F2 ▸

> aufgrund | ~~da~~ | daher (2x) | dank | denn | deswegen | nämlich | weil | wegen

Die Geschichte des Strandkorbes

Der Lübecker Wilhelm Bartelmann (1845 – 1930) war, wie schon sein Vater, gelernter Korbmacher. [1] *Da* _____ er ab 1870 in Rostock sehr erfolgreich eine Werkstatt betrieb, wurde er zum „Hof-Korbmacher" ernannt. Eine besondere Kundin war Elfriede von Maltzahn, [2] _____ sie suchte eine Sitzgelegenheit für den Strand, die Schutz vor Sonne und Wind bot. Sie litt [3] _____ an Rheuma, wollte [4] _____ aber nicht auf Strandaufenthalte verzichten. [5] _____ wandte sie sich 1882 mit diesem Spezialauftrag an Wilhelm Bartelmann. Er fertigte für sie einen Strand-Stuhl aus Weidengeflecht, der später „Strandkorb" genannt wurde. Die Nachfrage stieg [6] _____ dieses bequemen Prototyps rasch an. [7] _____ des großen Erfolgs baute Bartelmann ab 1883 auch Sitzgelegenheiten für zwei Personen. Bartelmann und seine Frau Elisabeth begannen, die Strandkörbe auch zu vermieten. [8] _____ wurden diese Möbel bekannt und bereits um 1900 waren sie in vielen deutschen Küstenbädern an der Nord- und Ostsee zu finden. Heutzutage gelten Strandkörbe als Kultobjekte deutscher Gemütlichkeit. Es besteht immer noch Nachfrage danach, [9] _____ sie sich auch als Gartenmöbel eignen. [10] _____ der gestiegenen Ansprüche gibt es inzwischen sehr luxuriöse Modelle mit vielen verstellbaren Teilen, Fußstützen, Staufächern, einem Bistro-Tisch und Champagnerkühler usw. – alles aus den edelsten Materialien.

2 Wortschatz: Urlaub

(V) a Ergänzen Sie die Sätze mit den Elementen unten in der passenden Form.

> Urlaubsstimmung | Urlaubsanspruch | Urlaubsantrag einreichen | urlaubsreif | Urlaub nehmen | Urlaub
> verschieben | Urlaubsgrüße | im Urlaub sein | in den Urlaub fahren | den Urlaub planen | ~~Urlaub machen~~ |
> Urlaubsgeld | Urlaubsvertretung | Urlaubsadresse | Urlauber

1. Wann wollen Sie im Winter *Urlaub machen* ....?

2. Es kam leider keine .... auf, weil ich krank war.

3. Wir .... schon jetzt den nächsten ....

4. An unserem Strand waren leider sehr viele ....

5. Nein, im August kann ich leider nicht ....

6. Das .... ist in diesem Jahr nur geringfügig höher als im Vorjahr.

7. Meine Kollegin ist plötzlich krank geworden. Soll ich meinen ....?

8. Was, du hast das Hotel schon gebucht, ohne deinen .... in der Firma ....?

9. Ich .... am Freitag ...., denn ich feiere dann meinen Geburtstag.

10. Ich beantworte Ihre Mail erst jetzt, denn letzte Woche .... ich ....

11. Liebe .... aus dem sonnigen Süden!

12. Senden Sie die Post bitte an meine .... in Salzburg.

13. Wie viele Tage .... habe ich in diesem Jahr noch?

14. Ich kann nicht mehr, ich bin ....!

15. In der Zeit bis 15. August wenden Sie sich bitte an meine ....

(V) b Lesen Sie den Artikel und notieren Sie die Wörter aus dem Schüttelkasten in der passenden Form.

> ausländisch | bezahlen | Bildausschnitt | Briefmarken | eingeben | erhalten | ersparen | Foto | frankieren |
> kostenlos | Möglichkeiten | Postkarte | Postkartenformat | Postkasten | vertraut | Zeichenanzahl |
> Zeichnung | ~~Zeit~~

Moderne Urlaubsgrüße

Wer hätte gedacht, dass in [1] *Zeiten* .... wie diesen noch Postkarten aus dem
Urlaub verschickt werden? Für alle, die mehr als eine SMS oder ein [2] ....
vom Handy aus schicken wollen, gibt es verschiedene [3] .... Man kann
natürlich ganz klassisch eine kitschige Karte besorgen, herausfinden, wo es [4] ....
gibt und dann nach einem vertrauenswürdigen [5] .... Ausschau halten, um sie einzuwerfen.
Oder man [6] .... sich das alles und schickt eine mobile [7] .... Dazu muss man sich
eine App(likation) downloaden, die von diversen Anbietern [8] .... zur Verfügung gestellt wird.
Dann kann es losgehen: Foto machen, [9] .... auswählen, Grußtext schreiben (auf die maximale
[10] .... achten) und Postadresse des Empfängers [11] .... Nach einem Kontrollblick
geht man auf „senden und [12] ....", denn das Abschicken kostet natürlich etwas. Foto und Text
werden im [13] .... auf entsprechendem Papier ausgedruckt, [14] .... und zugestellt.
Der Empfänger [15] .... also eine „echte" Postkarte – na ja, fast echt. Die [16] ....
Briefmarke fehlt manchen ebenso wie die [17] .... Handschrift und die eventuell in die Ecke
gekritzelte [18] ....

2

A Einfach schön

❶ Geschmacksache – Adjektive und ihre Bedeutung

(W) Bewerten Sie die Bedeutung der markierten Adjektive in dem Dialog beim Frisör. **LB: A3b + AB: A2**

++ = sehr positiv   + = positiv   ~ = eher neutral   − = eher negativ   − − = negativ

> Die Bewertung hängt immer vom Kontext ab.

Kundin: Hallo Max, ich habe mal wieder dringend einen deiner [1] topaktuellen (++) Haarschnitte nötig. Ich sehe echt [2] furchtbar (......) aus!

Frisör: Hallo meine Liebe. Ach was, du siehst doch [3] umwerfend (......) aus wie immer. Aber ich bin natürlich gerne für dich da. Schau mal, was hältst du von diesem neuen Farbton, der passt [4] hervorragend (......) zur Mode in diesem Frühjahr. Der würde dir auch [5] großartig (......) stehen!

Kundin: Ja, der ist [6] nicht schlecht (......). Aber mit rotem Haar sehe ich irgendwie [7] schlimm (......) aus … Da bleibe ich doch lieber bei meinem Blond.

Frisör: Alles klar. Das passt auch [8] perfekt (......) zu deinem Typ. Dann weiß ich, was ich zu tun habe. Erzähl mal, wie geht es dir sonst? Was gibt's Neues?

Kundin: Ach, viel Neues gibt es nicht, alles läuft [9] normal (......). Meine Emily steckt gerade mitten in der Pubertät und entwickelt einen [10] eigenartigen (......) Kleidungsstil. Aber was soll ich machen, sie fühlt sich damit [11] hübsch (......). Ich finde es manchmal [12] fürchterlich (......), wie sie herumläuft. Aber das ist ihr natürlich total egal.

Frisör: Oh ja, an so etwas erinnere ich mich auch. Eine [13] schwierige (......) Zeit …

❷ Und was gefällt Ihnen?

(W) **a** Lesen Sie die Auswertung des Fragebogens im Arbeitsbuch 2A, 3b, noch einmal und ordnen Sie die Ausdrücke den Umschreibungen zu. **AB: A3b**

1. halb so wild	A. sehr sauber und ordentlich	1. [G]
2. einen hohen Stellenwert haben	B. eine Schwäche haben für etw.	2. [ ]
3. sich auftakeln	C. jmd. sehr viel bedeuten	3. [ ]
4. ein Faible haben für etw.	D. müssen	4. [ ]
5. nur Spott übrig haben für jdn.	E. nicht im Traum daran denken	5. [ ]
6. nicht anders können als	F. keinen Respekt haben vor jdm.	6. [ ]
7. nie in den Sinn kommen	G. nicht so wichtig	7. [ ]
8. wie frisch aus dem Ei gepellt	H. sich übertrieben schick machen	8. [ ]

(V) **b** Lesen Sie folgende Aussagen zum Thema „Aussehen" und ergänzen Sie die Begriffe aus dem Schüttelkasten. Die Auswertungen zum Fragebogen im Arbeitsbuch 2A, 3b, können Ihnen helfen.

> zerknitterte Kleidung | irgendwelchen Schnickschnack kaufen | ~~teure Dinge~~ | andere beeindrucken (wollen) | gutes Aussehen | Trendsetter | nur das Beste kaufen

1. Ich habe ein Faible für *teure Dinge* ....

2. .... hat für mich einen hohen Stellenwert.

3. Für .... habe ich nur Spott übrig.

4. Ich takle mich auf, wenn ich ....

5. Es würde mir nie in den Sinn kommen, ...

6. Der Naturtyp findet .... halb so wild.

7. Ich kann nicht anders als ....

B Schön leicht?

1 Erfolgreich? – Adjektive mit Suffixen bilden

(W) **a** Bilden Sie so viele Adjektive wie möglich mit den drei Suffixen. `AB: B 4 a`

> ~~fantasie-~~ | erfolg- | einfalls- | respekt- | schmerz- | geschmack- | einfluss- | wert- | lieb(e)-

1. -los: *fantasielos,* ....
2. -reich: ....
3. -voll: *fantasievoll,* ....

(V) **b** Lesen Sie den Infotext über den Modedesigner Wolfgang Joop. Korrigieren Sie die Suffixe bei den Adjektiven wie im Beispiel.

> Wolfgang Joop gilt als einer der [1] einfluss~~vollsten~~ *einflussreichsten* deutschen Modedesigner. Er ist
> am 18. November 1944 in Potsdam geboren und ist international [2] erfolgvoll. Er ist
> der Meinung, dass Schönheit Makel braucht: Ein kleiner Höcker auf der Nase kann
> das Aussehen [3] wertreich machen, denn Asymmetrie führt erst zu eigentlicher
> Schönheit. Für seine [4] fantasielose Arbeit sucht er sich immer wieder neue Aufgaben.
> 2014 macht er sich als [5] liebereicher Juror bei der Fernsehsendung „Germany's
> Next Topmodel" bei den Teilnehmerinnen und Zuschauern einen Namen, da er alle
> Nachwuchsmodels immer sehr [6] respektlos behandelt. Natürlich kleidet er sie auch
> mit seinen neuesten [7] geschmackreichen Entwürfen ein.

C Schönheitskult

1 Es fällt mir leicht, Infinitivsätze zu bilden

(W) Lesen Sie zunächst die Hauptsätze und dann die Satzanfänge. Welcher Hauptsatz passt zu welchem Satzanfang? Ordnen Sie zu und formulieren Sie den Inhalt mit Infinitivsätzen. `LB: C 2 a – b + AB: C 1 a – c`

> Vielleicht könnten Sie jeden Tag mit einem Lächeln beginnen. | Ich bin schon 50 Jahre alt, aber ich kann mein
> Aussehen nicht akzeptieren. | Meine Empfehlung ist simpel: Lebe gesund und akzeptiere dich selbst. |
> Ich liebe Schokolade. Bei einer Diät ist der Verzicht darauf der härteste Teil für mich. | Versprochen – ab morgen
> gehe ich täglich joggen! | Du sollst dir nicht Models als Vorbilder nehmen. | Man bekommt graue Haare und Falten. –
> Diese Alterserscheinungen befürchten viele.

1. Es fällt mir schwer, *bei einer Diät auf Schokolade zu verzichten.*
2. Ich warne dich davor, ...
3. Ich habe nie gelernt, ...
4. Es ist empfehlenswert, ...
5. Viele Menschen haben Angst, ...
6. Ich nehme mir fest vor, ...
7. Ich schlage vor, ...

2

② Vorzeitigkeit bei Infinitivsätzen

ⓥ **a** Lesen Sie den Bericht und markieren Sie die Infinitivsätze. Ergänzen Sie anschließend die Regel. **LB: C2c** ▸

Irina sieht umwerfend aus und ist Topmodell. Sie hat alle Laufstege dieser Welt gesehen und ist froh, mit 24 Jahren schon so viel erreicht zu haben. Aber der Erfolg hat seinen Preis und Irina hat immer mehr Zweifel, ob dies der richtige Weg für sie ist. Oft bereut sie es, die Schule nicht beendet zu haben. Sie erinnert sich, darüber mit ihren Eltern gestritten zu haben. Hat sie die falsche Entscheidung getroffen? Natürlich ist sie glücklich, diese unglaubliche Chance bekommen zu haben und schon in den tollsten Städten der Welt gewesen zu sein. Trotzdem bedauert sie es, schon mit 16 Jahren erwachsen geworden zu sein und eine „normale" Jugend verpasst zu haben.

> Vorzeitigkeit bei Infinitivsätzen bildet man so: Partizip Perfekt + „zu" + Infinitiv
> von „.................." oder „.................."

ⓥ **b** Herta Schneider (85 Jahre) denkt über ihr Leben nach. Schreiben Sie einen ähnlichen Bericht wie in 2a in Ihr Heft und formulieren Sie aus den Aussagen Infinitivsätze (Vorzeitigkeit) wie im Beispiel. Die Fragen können Ihnen helfen.

> Was bereut sie (nicht)? | Worüber ist sie froh, traurig, (un)glücklich? | Woran erinnert sie sich oft?

1. Sie hat nicht studiert.
2. Sie hat dreimal geheiratet.
3. Sie hat keine Kinder bekommen.
4. Sie lebte lange im Ausland.
5. Sie pflegte ihren schwerkranken Mann.
6. Mit 80 hatte sie eine große Geburtstagsparty.

1. Sie bereut, nicht studiert zu haben.

③ Infinitivsätze im Passiv

ⓦ **a** Bilden Sie Infinitivsätze im Passiv. Das Geschehen im Infinitivsatz und das im Hauptsatz finden gleichzeitig statt. **AB: C2**

1. Ich – finden – nicht – angenehm – nach – meinem Gewicht – fragen
   Ich finde es nicht angenehm, nach meinem Gewicht gefragt zu werden.

2. Ich – können – bestätigen – vom Geschmack – meiner Eltern – beeinflussen

3. Viele Leute – finden – schlimm – von anderen – kritisieren

4. Schönen Menschen – es gefallen – gut – fotografieren

5. Weniger attraktive Menschen – haben – das Gefühl – wegen – ihres Aussehens – nicht beachten

ⓥ **b** Ergänzen Sie die Infinitivsätze im Passiv mit den Verben in Klammern. Das Geschehen im Infinitivsatz findet vor dem im Hauptsatz statt.

1. Ich bin froh, nicht vom Fernsehen *beeinflusst worden zu sein.* (beeinflussen)
2. Er dankt seinen Eltern, zu nichts .... (zwingen)
3. Sie hat das Gefühl, noch nie wirklich .... (lieben)
4. Ist es Ihnen heute noch wichtig, als Kind viel ....? (loben)

18

4 Infinitivsätze im Überblick

(w)

Ergänzen Sie die Tabelle zur Bildung der Infinitivsätze. Die Beispielsätze in der Tabelle und in den Aufgaben 1–3 können Ihnen dabei helfen.

	Infinitivsatz im Aktiv	Infinitivsatz im Passiv
gleichzeitig	„zu" + *Infinitiv* Es ist wichtig, auf seine Gesundheit zu achten.	.... + „zu" + „..................." Es ist schön, freundlich begrüßt zu werden.
vorzeitig	.... + „zu" + ... von „haben" oder „sein" Ich bereue es, nie im Ausland gelebt zu haben.	.... + „worden" + „zu" + „..................." Es macht mich traurig, nicht eingeladen worden zu sein.

5 Zwei unterschiedliche Schwestern

(v)

Topmodel Liz genießt das Leben als Star. Ihre Schwester Kim sieht das anders. Drücken Sie die jeweils gegenteilige Meinung in Infinitivsätzen aus.

1. Kim findet es schrecklich, dass die Journalisten Liz überall fotografieren.

    Aber Liz *findet es schön, überall von den Journalisten fotografiert zu werden.* (es schön finden)

2. Kim sagt Liz, dass sie nicht täglich ihren Körper trainieren muss.

    Aber Liz *ist davon besessen, täglich ihren Körper zu trainieren.* (besessen sein von)

3. Kim bedauert es manchmal, dass Liz schon als Jugendliche entdeckt wurde.

    Aber Liz .... (es genießen)

4. Kim hasst es, dass Liz immer im Mittelpunkt steht.

    Aber Liz .... (es lieben)

5. Kim findet es schade, dass Liz nicht studiert hat.

    Aber Liz .... (es nicht bereuen)

6. Kim ist sicher, dass Liz' Agent Liz bei den Gagen betrügt.

    Aber Liz .... (nicht glauben)

7. Kim ist glücklich, dass sie zusammen mit ihrer Schwester in eine Talkshow eingeladen wurde.

    Aber Liz .... (es langweilig finden)

6 Kleine „Miss United States" – eingeleitete Infinitivsätze

(v)

Lesen Sie die Reportage und korrigieren Sie die Präpositionaladverbien vor den Infinitivsätzen wie im Beispiel.

In den USA gibt es schon für Zwölfjährige Schönheitswettbewerbe. Oft sind es die Mütter oder ganze Familien, die

die Mädchen [1] ~~dafür~~ *dazu* überreden, am Wettbewerb teilzunehmen. Sie sind schnell [2] dazu gewöhnt, Abendkleider

und Make-up zu tragen und um die Wette zu lächeln. Viele Eltern sind [3] damit überzeugt, damit den Kindern in

ihrer Entwicklung zu helfen. Viele Familien sind [4] daran bereit, für die Wettbewerbe durch das halbe Land zu

reisen. Sie haben kein Problem [5] dazu, ihre Töchter einem starken Druck auszusetzen. Schönheitswettbewerbe

für Kinder sind sehr populär in den USA und ein Milliardengeschäft. Das ist auch für die Veranstalter ein Anreiz

[6] davon, immer mehr Schönheitswettbewerbe durchzuführen.

D Schöne Diskussionen

1 Vermutungen und Überzeugungen

W a Welche Formulierung passt nicht: a, b oder c? Kreuzen Sie an. `LB: D2 + AB: D1-2`

1. a sicherlich   b zweifellos   c vermutlich
2. a es steht außer Frage   b unter Umständen   c vielleicht
3. a ich nehme an   b auf jeden Fall   c wahrscheinlich
4. a es könnte sein   b eventuell   c hundertprozentig
5. a sicher   b möglicherweise   c ohne Zweifel

W b Beantworten Sie die Fragen in Ihrem Heft und verwenden Sie dabei die Angaben in Klammern.

1. Gibt eine strenge Erziehung den Kindern Halt im Leben? (zweifellos / klare Regeln helfen)
2. Ist es wichtig für ein langes Leben, Sport zu treiben? (es steht außer Frage / Sport ist gut für die Gesundheit)
3. Werden immer mehr Leute ihr eigenes Gemüse anpflanzen? (sicher / Bewusstsein für gesunde Ernährung wächst)
4. Ist ein gutes Aussehen bei der Karriere hilfreich? (unter Umständen / Attraktivität erleichtert beruflichen Aufstieg)
5. Wird Bio-Kleidung trotz des hohen Preises immer beliebter? (ich nehme an / viele Allergiker kaufen Bio-Kleidung)

1. Zweifellos helfen klare Regeln bei der Entwicklung.

E Was ist schön?

1 Streben nach Schönheitsidealen – Komposita

W a Bilden Sie aus den Elementen der beiden Schüttelkästen Komposita. Notieren Sie die Nomen jeweils mit Artikel. Denken Sie an die Fugenzeichen „s" und „n". `LB: E1a`

| Auge (2x) | Haar (2x) | Haut (6x) | Kopf (3x) | Leben | Ober (3x) | Schlank | Schönheit (3x) | Sonne | Wunsch |

| Aufhellung | Bedeckung | Farbe | Figur | Freude | Ideal | Operation | Schicht | Schirm | Sein | Struktur | Ton | Trend | Weite |

die Augenoperation,

W b Lesen Sie den Infotext und setzen Sie die passenden Nomen aus 1a ein. Ergänzen Sie ggf. Artikel.

Wer in Asien blasse Haut hat, gilt als attraktiv. Damit [1] *die Hautfarbe* hell bleibt, schützen die Asiatinnen ihre Haut durch [2] .... oder [3] .... Einige benutzen auch Cremes zur [4] .... Eine extreme Maßnahme, um sich einem anderen westlichen [5] .... anzunähern, ist [6] *eine Augenoperation*. Auch Afrikanerinnen streben nach einem hellen [7] .... Sie zeigt, dass man zur [8] .... gehört. Außerdem ändern viele ihre [9] ...., indem sie sie glätten lassen. Brasilien folgt [10] ...., der in den USA schon länger vorherrscht: Die Frauen lassen sich für ihre [11] .... [12] .... operativ vergrößern. In Deutschland wird [13] .... mit den Eigenschaften erfolgreich und sportlich gleichgesetzt, während dicke Menschen als weniger belastbar gelten. Im Gegensatz zu Asien und Afrika ist helle Haut nicht erstrebenswert, sondern eine gebräunte Haut ist in und steht für [14] .... und Jugend.

2 Wellnessurlaub mit „tekamolo"

W **a** Notieren Sie die Fragen zu den Beispielsätzen nach den Angaben. LB: E 2 + AB: E 4 ▶

Angabe	Beispiel	Frage
temporal	1. Nach dem Spiel jubelten die Fans. 2. Eine Stunde lang jubelten die Fans.	*Wann jubelten die Fans?*
kausal	3. Wegen des klaren Siegs jubelten die Fans. 4. Aufgrund des Jubels siegte die Mannschaft.	
modal	5. Freudig jubelten die Fans. 6. Mit der Mannschaft jubelten die Fans.	
lokal	7. Im Stadion jubelten die Fans. 8. Vom Stadion bis zur U-Bahn jubelten die Fans.	

W **b** Erweitern Sie die Sätze mit den Angaben in Klammern nach der Reihenfolge „tekamolo".

1. Sabine hatte Urlaub nötig. (wegen ihres stressigen Jobs / schon seit längerer Zeit)

   Sabine hatte schon seit längerer Zeit wegen ihres stressigen Jobs Urlaub nötig.

2. Sie entschied sich für ein einen Wellnessurlaub. (zur Entspannung / schließlich)

3. Sie recherchierte nach einem passenden Angebot. (sorgfältig / im Internet)

4. Sie fuhr. (ins Allgäu / zwei Monate später / voller Vorfreude)

5. Sie wurde empfangen. (freundlich / im Wellnesshotel / mit einem Glas Sekt)

6. Das Wellnessprogramm startete. (mit einer entspannenden Massage / schon am ersten Abend)

7. Die zwei Wochen Urlaub vergingen. (viel zu schnell / aufgrund des vielseitigen Programms)

8. Sie wird diesen Urlaub wiederholen. (im nächsten Jahr / wegen des tollen Erholungeffekts)

W **c** Stellen Sie die Sätze aus 2 b um und beginnen Sie mit den vorgegebenen Angaben.

1. temporal: *Schon seit längerer Zeit hatte Sabine wegen ihres stressigen Jobs Urlaub nötig.*

2. kausal:

3. lokal:

4. modal:

5. lokal:

6. modal:

7. kausal:

8. temporal:

3 Richtig schreiben: Temporalangaben

(E) **a** Lesen Sie zuerst den Tipp und korrigieren Sie, wo nötig die Groß- und Kleinschreibung sowie Getrennt- und Zusammenschreibung bei folgenden Temporalangaben.

1. mittwochmorgen: *Mittwochmorgen*

2. morgenabend: ....

3. spätnachts: ....

4. gutenmorgen: ....

5. amabend: ....

6. freitagnachmittags: ....

7. vorgesternnacht: ....

8. morgenfrüh: ....

> Für die Schreibweise von temporalen Angaben gelten folgende Regeln:
>
> **Großschreibung von**
> 1. Nomen (z.B. des/eines Morgens, am Morgen, den Morgen über, am Dienstagmorgen)
> 2. Tageszeiten nach Adverbien wie „gestern", „heute", „morgen" usw. (z.B. gestern Abend, heute Nacht, übermorgen Mittag)
> 3. Besonderen Formen wie: es wird Abend; (zu) Mittag essen; Guten Abend!
>
> **Kleinschreibung von**
> 1. Adverbien (z.B. morgens, freitags, (um) 8 Uhr abends, etc.
> 2. heute früh (meistens kleingeschrieben, aber auch Großschreibung möglich: heute Früh)
>
> **Getrennt- und Zusammenschreibung**
> 1. abends spät, aber spätabends
> 2. montagabends oder montags abends, aber Montagabend

(E) **b** Markieren Sie in dem Erfahrungsbericht jeweils die korrekte Form.

Das war mal wieder eine chaotische Woche! Es hat alles damit begonnen, dass am [1] <u>Montagmorgen</u> / <u>Montag Morgen</u> mein Auto streikte. Ich musste also mit der U-Bahn fahren und kam erst [2] <u>gegen Mittag</u> / <u>gegen mittag</u> bei der Arbeit an. [3] <u>Am Abend</u> / <u>Am abend</u> rief ich bei meiner Werkstatt an, aber bekam erst einen Termin für [4] <u>Donnerstagnachmittag</u> / <u>Donnerstag nachmittag</u>. Das bedeutete, dass ich die ganze Woche über mit der U-Bahn fahren und deswegen schon um 5.30 Uhr [5] <u>Morgens</u> / <u>morgens</u> meine Wohnung verlassen musste. Eigentlich esse ich immer gegen 20 Uhr zu Hause [6] <u>zu Abend</u> / <u>zu abend</u>, aber diese Woche saß ich um diese Uhrzeit noch in der U-Bahn. Normalerweise gehe ich [7] <u>Mittwoch abends</u> / <u>mittwochabends</u> immer zum Yoga, aber das musste ich diese Woche leider ausfallen lassen – ohne Auto habe ich das einfach nicht geschafft. Aber [8] <u>heute früh</u> / <u>heutefrüh</u> konnte ich mein Auto abholen, und ich bin so froh, dass ich es wieder habe!

4 Negation mit „nicht"

(V) Was wird verneint: Der ganze Satz (S) oder ein Satzteil (T)? Kreuzen Sie an. Der Tipp im Arbeitsbuch bei 2E, 6a, kann Ihnen dabei helfen. Markieren Sie dann die Verneinung. **AB: E 6a**

1. <u>Nicht alle Menschen</u> folgen den gängigen Schönheitsidealen. ⬜ S ⬜ T

2. Der Chirurg will meine Nase nicht operieren. ⬜ S ⬜ T

3. Viele Bilder in Modezeitschriften sind bearbeitet und nicht realistisch. ⬜ S ⬜ T

4. Ich habe mich nicht bei diesem Fitnessstudio angemeldet. ⬜ S ⬜ T

5. Kleinere Gruppen interessiert die Meinung der Massen nicht. ⬜ S ⬜ T

6. Nicht meinen Freunden, sondern mir muss meine neue Frisur gefallen. ⬜ S ⬜ T

7. Ich verstehe den extremen Magerwahn nicht. ⬜ S ⬜ T

8. Meiner Mutter sagt mein Kleidungsstil überhaupt nicht zu. ⬜ S ⬜ T

5 Verschiedene Negationsformen

(V) Verneinen Sie in den Sätzen auf der nächsten Seite das markierte Satzelement und verwenden Sie die Wörter unten. **AB: E 6b**

furchtbar | keinen | nichts | nie | niemand | nirgends | ohne | selten | weder ... noch

1. Ich trage oft Make-up.

   Ich trage selten Make-up.

2. Schöne Menschen haben überall Probleme: im Alltag, bei der Arbeit, bei der Partnersuche.

3. Manche Menschen können mit einer Schönheitsoperation nicht glücklich werden.

4. Das Aussehen meiner Freunde bedeutet mir alles.

5. Ich kenne jemanden, der mit seinem Aussehen 100 % zufrieden ist.

6. Ich trage sowohl Make-up als auch die neuesten Trends – so fühle ich mich gut!

7. Bevor ich aus dem Hause gehe, werfe ich immer einen Blick in den Spiegel.

8. Kennst du einen Mann, dem lange Haare bei Frauen nicht gefallen? – Ja, ich kenne einen.

9. Schönheit liegt im Auge des Betrachters: Ich finde, das neue Topmodel sieht ziemlich gewöhnlich aus, mein Freund denkt das Gegenteil.

F (Un)Schöne Momente

1 Wörter mit verstärkender oder einschränkender Wirkung

(W) a Ordnen Sie die Wörter im Schüttelkasten einer der beiden Bedeutungen zu. AB: F1–2 ▶

absolut | äußerst | besonders | extrem | recht | total | unglaublich | vergleichsweise | verhältnismäßig | wirklich | ziemlich

1. verstärkende Wirkung (Grundbedeutung „sehr"): *absolut,*

2. einschränkende Wirkung (Grundbedeutung „relativ"):

(V) b Loben Sie eine schöne Hochzeit. Fügen Sie ein: absolut, besonders, äußerst, extrem, total, unglaublich, wirklich, ziemlich. Es gibt immer mehrere Lösungen.

1. Ich war am Samstag auf einer Hochzeit. Sie war nicht nur wunderschön, sondern *absolut* traumhaft.

2. Es ist zwar Herbst, aber das Wetter war .... gut. Die Sonne schien den ganzen Tag.

3. Die Zeremonie war .... emotional. Viele Gäste haben vor Rührung geweint.

4. Die Braut trug ein .... schönes Brautkleid. Es kam aus Paris und war wohl .... teuer.

5. Das Restaurant, in dem wir gefeiert haben, lag an einem See und war .... romantisch.

6. Die Feierlichkeiten gingen .... lange, denn die Gäste haben sich .... wohl gefühlt.

3

A Freundschaft

1 **Wortfamilie zu „Freund"**

(W) Arbeiten Sie mit dem Wörterbuch und ergänzen Sie die Wortfamilie zu „Freund" wie im Beispiel. `LB: A1a`

> **Wortfamilie**
> Wörter, die den gleichen Stamm haben oder vom gleichen Stamm abgeleitet sind, z.B. fahren, Fahrt, Fährte, Gefahr – sie können eine ähnliche, aber auch eine etwas andere Bedeutung haben. Organisieren Sie Ihren Wortschatz in Wortfamilien, so können Sie ihn gut lernen.

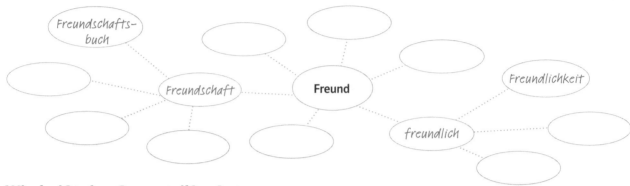

2 **Wie heißt das Gegenteil? – Antonyme**

(V) **a** Lesen Sie die Wörter im Schüttelkasten und markieren Sie die Wörter, deren Gegenteil sich nicht mit „un-" bilden lässt. Arbeiten Sie ggf. mit einem Wörterbuch. `LB: A1b + AB: A1a`

> ~~ehrlich~~ | ~~fleißig~~ | freundlich | fröhlich | gesellig | großzügig | humorvoll | intelligent | nachdenklich | optimistisch | ordentlich | pünktlich | reich | ruhig | sportlich | verständnisvoll | zuverlässig

(V) **b** Notieren Sie nun das Gegenteil von den Wörtern in 2a.

unehrlich, faul,
....

3 **Adjektive und Nomen**

(W) Lesen Sie die Adjektive und notieren Sie die passenden Nomen mit Artikel. `AB: A1b`

1. egoistisch: *der Egoismus*   4. intelligent: ....

2. hilfsbereit: ....   5. verständnisvoll: ....

3. sensibel: ....   6. fleißig: ....

4 **Wortschatz: Freundschaft**

(W) Lesen Sie die Begriffe aus den Forumsbeiträgen im Lehrbuch 3A, 2a, und ordnen Sie die passende Bedeutung zu. `LB: A2a`

1. füreinander dasein	A. die gleichen Interessen und Einstellungen haben	1. [C]
2. tiefe Gefühle zeigen	B. Gegenteil von tiefer echter Freundschaft	2. [ ]
3. scharfe Kritik anbringen	C. sich umeinander kümmern	3. [ ]
4. etw. ist gut gemeint	D. gern mit Menschen zusammen sein	4. [ ]
5. enge Freunde	E. etw. wird in guter Absicht getan	5. [ ]
6. oberflächliche Freundschaft	F. sehr vertraute Freunde	6. [ ]
7. Beziehungen pflegen	G. hier: starke Gefühle zeigen	7. [ ]
8. auf einer Wellenlänge sein	H. sehr stark kritisieren	8. [ ]
9. gesellig sein	I. sorgsam mit dem Kontakt zu anderen umgehen	9. [ ]

B Vereine

❶ Vereine – Akkusativ oder Dativ?

(W) Lesen Sie die Sätze und ergänzen Sie, wo nötig, die fehlenden Endungen. `AB: B2c`

1. Möchtest du bei unser*er* Initiative zur Rettung der Bienen mitmachen?

2. Wer hat dies_____ Sportverein eigentlich gegründet?

3. Es ist interessant zu erfahren, welch_____ Gruppierung er angehört.

4. Seit vielen Jahren engagiert sie sich in ein_____ Verband.

5. Lies mal! Hier ist festgelegt, wie man d_____ Vereinigung beitreten kann.

6. Wer den Mitgliedsbeitrag nicht bezahlt, wird aus d_____ Verband ausgeschlossen.

7. Bestimmte Voraussetzungen müssen erfüllt sein, wenn man in ein_____ Verein eintreten möchte.

8. Kann man aus dies_____ Gruppierung einfach wieder austreten?

9. Wer gehört bereits seit mehr als fünf Jahren zu_____ Turnverein?

10. Um Mitglied dieses Verbands sein zu können, muss ein_____ Antrag gestellt werden.

11. In den letzten Wochen haben sich Tausende d_____ Initiative angeschlossen.

❷ Bei der Mitgliederversammlung – Präpositionaladverbien

(W) a Lesen Sie das Gespräch und ergänzen Sie die Präpositionaladverbien. `LB: B2b`

1. ■ Gibt es noch Fragen zu unserer letzten Sitzung?

   □ Ja. Habt ihr dabei über unsere Mitgliederzahl gesprochen?

   ■ Ja, *darüber* haben wir ausführlich gesprochen. Das steht im Protokoll der letzten Sitzung.

2. ■ Deshalb ist heute ein wichtiger Punkt auf der Tagesordnung: die Entwicklung der Mitgliederzahl …

   □ Und wann kommen wir zur Mitgliederstatistik?

   ■ _____ kommen wir gleich als nächstes.

3. ■ Gibt es Wortmeldungen zu Punkt zwei? Auf diese offene Frage müssen wir heute noch eine Antwort finden.

   □ Warum muss denn heute _____ geantwortet werden?

4. ■ Die Sache ist wichtig, ich eröffne hiermit die Diskussion.

   □ Ich finde aber, die neuen Mitglieder sind zu wenig informiert, um sich an der Diskussion zu beteiligen.

   ■ Nein, nein, _____ sollten sich alle beteiligen.

5. ■ Kommen wir nun zur Abstimmung über die Höhe des Mitgliedsbeitrags.

   □ Moment, _____ haben wir noch nicht ausführlich genug diskutiert.

(W) b Formulieren Sie Fragen mit „wo-" + Präposition zu den markierten Satzteilen und schreiben Sie sie in Ihr Heft. `AB: B5a-b`

1. Von den Entscheidungen des Vorstands wird heute noch berichtet.

2. Die Diskussion liefert keine Antwort auf die wichtigste Frage.

3. Über diese Frage muss beim nächsten Mal noch gesprochen werden.

4. Bei der Abstimmung über die Vereinsstatuten sollten alle mitmachen.

5. Es gibt viele offene Fragen zum Mitgliedsbeitrag.

1. Wovon wird heute noch berichtet?

c Ein neues Mitglied. Ergänzen Sie das Gespräch mit den Elementen aus dem Schüttelkasten. **AB: B5c**

an ihn | darauf | darin | darüber | davon | dazu | mit ihm | wobei

- Sie möchten also unserem Verein beitreten?
- Ja, ich denke schon länger [1] *darüber* nach.
- Was hat Sie denn auf die Idee [2] .... gebracht?
- Mein Bruder hilft seit Jahresbeginn beim Spendensammeln. Er hat mir öfter [3] .... erzählt.
- Und [4] .... möchten Sie mitarbeiten?
- Gern auch beim Spendensammeln. [5] .... bin ich sehr gut, meint mein Bruder.
- Sehr gut, dann können Sie [6] .... zusammenarbeiten und sich bei Fragen [7] .... wenden.
- Schön, [8] .... freue ich mich schon!

d Welche Angaben aus 2c beziehen sich auf Abstrakta/Sachen, welche auf Personen/Institutionen. Geben Sie die Nummern an.

1. Abstrakta, Sachen: *1,* ....　　2. Personen/Institutionen: ....

C Nebenan und gegenüber

1 Wortschatz: Gute Nachbarschaft

a Ergänzen Sie in der Mail die fehlenden Wörter aus dem Schüttelkasten in der entsprechenden Form. **LB: C3a**

beschriften | bitten | Cafeteria | einladen | eintragen | Gesetz | Kopfhörer | Küche | Lift | Nachbar | Prüfung | Putzplan | Schlüssel | unterhalten | zeigen

Liebe Elena,
hier ein Kurzbericht von meinem ersten Tag im Studentenheim! Ich habe um 9.00 Uhr den [1] *Schlüssel* vom Hausmeister bekommen und am Nachmittag hatte ich schon ein paar [2] .... von meiner Etage kennengelernt – echt toll! Sie haben sich nämlich im [3] .... über die Bibliotheksöffnungszeiten an der Uni [4] .... und da konnte ich mitreden. Da ich noch nichts eingekauft hatte, habe ich die beiden in der [5] .... auf einen Kaffee [6] .... Später haben sie mir das ganze Haus [7] .... und mir auch ein paar wichtige Informationen über die „ungeschriebenen [8] ...." gegeben. Ich möchte ja nichts falsch machen ;-)! Die [9] .... auf unserem Flur sieht ganz sauber aus. Oskar (von nebenan) meint, dass sich alle an den [10] .... halten! Ich musste mich auch schon in die Liste [11] .... Außerdem muss ich daran denken, meine Sachen im Kühlschrank zu [12] .... Der Zimmernachbar links (Jannis?) hat mich für die nächsten beiden Tage um Ruhe [13] ...., weil er gerade für seine [14] .... lernt. Leider kann man mein Radio wirklich bei ihm hören, ich werde mir wohl [15] .... kaufen! Ich melde mich wieder, bis bald. Beate

b Lesen Sie noch einmal die Regeln für eine gute Nachbarschaft. Welche Punkte kommen in Beates Mail nicht vor? Notieren Sie die entsprechenden Buchstaben.

A Diskret bleiben　　**C** Lautstärke testen　　**E** Sich bekannt machen　　**G** Partys ankündigen *A,*

B Ordnung halten　　**D** Ruhezeiten respektieren　　**F** „Einen ausgeben"　　**H** Sich vorinformieren

c Welches Verb passt nicht: a, b oder c? Kreuzen Sie an.

1. das Klingelschild   **a** beschriften   **b** anbringen   **c** anschreiben
2. den Einstand   **a** geben   **b** machen   **c** feiern
3. das Auto   **a** parken   **b** abstellen   **c** halten
4. Umzugskartons   **a** wegräumen   **b** stehen lassen   **c** abräumen
5. eine Einweihungsfeier   **a** ausführen   **b** vorbereiten   **c** veranstalten

D Eltern und Kinder

1 Familienvorstellungen – Redemittel

(V) Lesen Sie die Fragen und ordnen Sie die passenden
Redemittel für eine Antwort zu. LB: D1f

Fragen:

1. Welche Bedeutung hat Familie in Ihrem / deinem Heimatland?   *B, H*
2. Wie ist das Verhältnis zwischen den Generationen einer Familie in Ihrer Heimat? ....
3. Hat sich in den letzten Jahren etwas geändert? Wenn ja, woran ist das erkennbar? ....
4. Wie kann ein gutes Verhältnis innerhalb der Familie aussehen? ....
5. Was fällt auf, wenn Sie Angehörige Ihrer Generation mit Deutschen vergleichen? ....

Redemittel:

A. Es hat wenige / große Änderungen im Verhältnis der Generationen gegeben, z. B. …
B. Die Familie hat in meinem Heimatland eine sehr / keine große Bedeutung.
C. In einer „optimalen" Familie herrscht Vertrauen / Respekt / … zwischen den Generationen.
D. Anders als / So wie in Deutschland, ist es in … üblich, dass junge und alte Familienmitglieder …
E. In meiner Heimat ist es üblich, dass Eltern und Kinder sehr / wenig intensiv miteinander leben.
F. Wenn eine Familie gut funktionieren soll, müssen alle Mitglieder unabhängig vom Alter …
G. Es gibt kaum / große Unterschiede zu Menschen meines Alters in Deutschland, denn …
H. Im Allgemeinen spielt die Familie in … eine sehr / nicht sehr wichtige Rolle, weil …
I. Ich fühle mich gleichaltrigen Deutschen sehr / wenig ähnlich, denn …
J. Eine Entwicklung zu mehr / weniger vorgegebenen Strukturen zeigt sich darin, dass …

2 Wann geschieht etwas? – Temporale Haupt- und Nebensätze und ihre Bedeutung

(W) a Lesen Sie die Sätze und markieren Sie zuerst die Nebensatzkonnektoren. LB: D2a + AB: D3–4

1. **Als** wir nach Deutschland kamen, suchten wir sofort eine Wohnung.   v n g

2. Ich lernte rasch Deutsch, nachdem ich eingeschult worden war.   v n g

3. Immer wenn wir über unsere Kindheit in Paris sprechen, müssen wir lachen.   v n g

4. Sobald ich das Abitur geschafft hatte, wollte ich länger verreisen.   v n g

5. Bevor ich zu studieren begann, war ich noch zwei Monate in Frankreich.   v n g

6. Während ich in Marseille arbeitete, lernte ich meinen Freund kennen.   v n g

7. Meine Französischkenntnisse werden immer besser, seitdem ich Jean kenne.   v n g

8. Ich möchte erst mein Studium beenden, bevor ich mit ihm zusammenziehe.   v n g

9. Bis wir eine Familie gründen, wird noch viel Zeit vergehen.   v n g

(W) b Bestimmen Sie die zeitliche Struktur in den Sätzen in 2a. Ist das Geschehen im Nebensatz zeitlich vor dem Geschehen im Hauptsatz – vorzeitig (v), nach dem Geschehen im Hauptsatz – nachzeitig (n) oder findet es gleichzeitig (g) mit dem Geschehen im Hauptsatz statt? Kreuzen Sie in 2a rechts oben an.

c Timo berichtet von seiner Kindheit. Formulieren Sie Sätze in der Vergangenheit. Verwenden Sie dabei einen passenden Nebensatzkonnektor aus 2a. Achten Sie auf die Angaben in Klammern. **LB: D2a + AB: D3–4**

1. unsere Eltern drei Jahre zusammenleben – sie sich trennen (vorzeitig)

   Nachdem unsere Eltern drei Jahre zusammengelebt hatten, trennten sie sich.

2. unsere Eltern sich trennen – unsere Mutter sofort Vollzeitjob suchen (vorzeitig)

   ....

3. ich mit meiner Schwester Ina allein zu Hause sein – unsere Mutter arbeiten (gleichzeitig)

   ....

4. Nachbarskinder spielen im Hof – wir Hausaufgaben und Haushalt machen (gleichzeitig)

   ....

5. unsere Oma zu uns ziehen – wir keine Zeit für Freunde oder Hobbys haben (nachzeitig)

   ....

6. unsere Oma für uns sorgen – uns allen viel besser gehen (gleichzeitig)

   ....

d Welcher Konnektor passt? Markieren Sie.

1. das passierte einmal: Wenn / Als ich die Schule wechselte, fand ich rasch neue Freunde.
2. immer wenn: Sooft / Während ich umziehe, lasse ich die Hälfte meiner Sachen zurück.
3. gleich danach: Als / Sobald ich mit meinen Eltern in Streit geriet, mischte sich mein Bruder ein.
4. Dauer: Bis / Als ich mich mit meiner Schwester versöhnte, ging es mir sehr schlecht.
5. einige Zeit danach: Nachdem / Sobald ich das Projekt beendet hatte, ging ich nach Wien.

e Einmal oder immer? Schreiben Sie Sätze im Präteritum in Ihr Heft und verwenden Sie „als", „wenn" oder „sooft", je nachdem, ob das Ereignis einmal oder wiederholt stattfand.

1. einmalig: seine Großmutter sterben – er noch nicht geboren
2. wiederholt: altes Spielzeug auspacken – seine alten Freunde ihm einfallen
3. einmalig: sein Elternhaus besuchen – denken an den tollen Sommer 1990
4. wiederholt: sich mit seiner ehemaligen Frau treffen – sie über die Scheidungsgründe streiten
5. einmalig: seine ehemalige Schulkollegin wiedersehen – sie sich ineinander verlieben

1. Als seine Großmutter starb, war er noch nicht geboren.

f Bestimmen Sie die zeitliche Struktur in den Temporalsätzen. Drückt der Satz eine Dauer von einem Zeitpunkt bis zu einem späteren Zeitpunkt (1) oder eine Dauer von einem vergangenen Zeitpunkt bis jetzt (2) aus? Notieren Sie.

1. Seitdem er verlobt ist, fühlt er sich viel erwachsener. [2]
2. Sie hatte bei ihrer Großmutter gewohnt, bis sie letzten Monat heiratete. [ ]
3. Seine Eltern unterstützen ihn finanziell nicht mehr, seit er mit dem Studium begonnen hat. [ ]
4. Es hat sehr lange gedauert, bis sie ihre Probleme verarbeitet hatte. [ ]
5. Vieles hat sich verändert, seit sie in eine eigene Wohnung umgezogen ist. [ ]

g Temporale Angaben. Markieren Sie in den Sätzen in 2f die temporalen Nebensätze und ersetzen Sie sie durch eine Präpositionalergänzung wie im Beispiel. **LB: D2b + AB: D5a**

1. *Seit der Verlobung* fühlt er sich viel erwachsener.   4. ....

2. ....   5. ....

3. ....

h Timos Kindheit. Lesen Sie die Sätze aus 2c noch einmal und verbinden Sie sie mit den Verbindungsadverbien wie im Beispiel. Schreiben Sie sie in Ihr Heft. `LB: D2c + AB: D5b`

1. danach   2. daraufhin   3. währenddessen   4. gleichzeitig   5. vorher   6. solange

1. Unsere Eltern lebten drei Jahre zusammen, danach trennten sie sich.

3 Haben Sie Geschwister? – Konnektor, Verbindungsadverb oder Präposition?

Lesen Sie den Zeitungsartikel. Was passt? Ergänzen Sie den Artikel mit den temporalen Konnektoren, Verbindungsadverbien und der Präposition aus dem Schüttelkasten. `AB: D5c`

> als | bevor | ~~bis~~ | bei | daraufhin | nachdem | seitdem | sooft | während

Die Position in der Geschwisterreihe prägt uns

Es ist nicht egal, welche Position man in der Geschwisterreihe hat: Ist man für immer, nur für kurze Zeit oder nie ein Einzelkind in der Familie? Ist man der / die Erstgeborene oder das mittlere Kind, auch „Sandwich-Kind" genannt, oder aber das sogenannte Nesthäkchen, also das letzte Kind?

[1] *Bis* zur Geburt meines Bruders stand ich als Erstgeborene allein im Mittelpunkt. [2] .... ein Meilenstein geschafft war, wie der erste Zahn, der erste Schritt usw., wurden Fotos gemacht, alles wurde dokumentiert. [3] .... sich meine Eltern an das Leben mit Kind gewöhnt hatten, waren sie bei meinem Bruder viel entspannter und sicherer. Ich fand, er hatte so viele Vorteile: Ich war wirklich sauer, dass mein Bruder zu Hause bleiben durfte, [4] .... ich in der Schule saß. Ich hatte erfolgreich für mehr Taschengeld und längere Ausgehzeiten gekämpft. [5] .... war es für ihn viel einfacher. [6] .... dann unsere Schwester geboren wurde, war die Freude bei mir groß, bei meinem Bruder weniger! [7] .... zog er sich monatelang zurück. Studien zeigen, dass es verschiedene Rollen in der Familie gibt. Wenn es, [8] .... man auf die Welt kommt, bereits ein oder mehrere Kinder gibt, sind bestimmte Rollen einfach schon vergeben. Auch bei uns ist das so: Ich bin die „Intellektuelle", mein Bruder ist der „Sportliche" und meine Schwester ist immer noch das süße Nesthäkchen, selbst mit 22 Jahren! Wir alle spüren jedenfalls [9] .... jedem Treffen ganz deutlich: Geschwister zu haben, ist etwas Tolles!

E Verliebt, verlobt, verheiratet – geschieden

1 Was sagt die Statistik? – Redemittel

Schauen Sie sich die Statistik im Lehrbuch 3 E, 1a, noch einmal an und formulieren Sie aus den Elementen passende Aussagen dazu. `LB: E1a`

1. 1985 – die Entwicklung – 2010 – das Kurvendiagramm – bis – der Jahre – von – zeigen

   Das Kurvendiagramm zeigt die Entwicklung der Jahre von 1985 bis 2010.

2. um ca. 66 000 – sein – von – der Eheschließungen – ansteigen – 1985 bis 1995 – die Anzahl

   ....

3. wieder – seit – die Anzahl – abnehmen – der Ehescheidungen – dem Jahr 2005

   ....

4. sein – weniger minderjährige Kinder – 2005 – von Scheidungen – betroffen – langsam – wieder – ab

   ....

2 Wortschatz: Ehe

LB ● 20–21

Hören Sie noch einmal die Talkshow im Lehrbuch 3 E, 2 a – b. Welcher Ausdruck aus der Talkshow wird hier umschrieben? Ordnen Sie zu. **LB: E 2 d**

1. Alles ist immer nur Sonnenschein	A. Vor- und Nachteile abwägen	1. [C]
2. die Flinte ins Korn werfen	B. sichtbares Zeichen des Verheiratetseins	2. [ ]
3. Plus- und Minuspunkte gewichten	C. Zeiten, in denen alles gut und schön ist	3. [ ]
4. der Trauring	D. Frage, ob der Partner einen heiraten will	4. [ ]
5. der Heiratsantrag	E. ohne Zögern und Nachdenken aufgeben	5. [ ]
6. felsenfest	F. nicht unabhängig sein	6. [ ]
7. an jemanden gebunden sein	G. von Anfang an wissen, dass es Liebe ist	7. [ ]
8. Liebe auf den ersten Blick	H. mit absoluter Sicherheit	8. [ ]

F Außenseiter

1 Aussagen einer Psychologin

V

LB ● 22–24

Ergänzen Sie die Zusammenfassung der Aussagen von Frau Dr. Wagner mit Begriffen aus dem Schüttelkasten. Passen Sie die Form entsprechend an. Hören Sie ggf. den Radiobeitrag im Lehrbuch 3 F, 2 a, noch einmal zur Kontrolle. **LB: F 2 a**

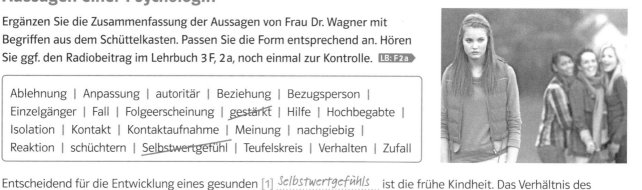

Ablehnung | Anpassung | autoritär | Beziehung | Bezugsperson |
Einzelgänger | Fall | Folgeerscheinung | gestärkt | Hilfe | Hochbegabte |
Isolation | Kontakt | Kontaktaufnahme | Meinung | nachgiebig |
Reaktion | schüchtern | Selbstwertgefühl | Teufelskreis | Verhalten | Zufall

Entscheidend für die Entwicklung eines gesunden [1] *Selbstwertgefühls* ist die frühe Kindheit. Das Verhältnis des

Kleinkindes zu seinen unmittelbaren [2] .... ist Basis für seine späteren Beziehungen. Ob ein Kind

[3] *gestärkt* .... wird, hängt vom Verhalten der Personen ab. Sind diese sehr [4] ...., kann dies

die Entwicklung zu einem selbstbewussten Mensch stören. Ebenso nachteilig ist zu [5] .... Verhalten,

denn Kinder brauchen Grenzen beim Aufwachsen. Eine mögliche [6] .... für diese Kinder sind Probleme

im Umgang mit anderen, so fällt schon die [7] .... schwer und auch das Aufrechterhalten längerer

[8] .... Dieser [9] .... zeigt sich in manchen [10] .... bereits im

Kindergarten. Das [11] .... dieser Kinder, sei es aggressiv oder [12] ...., wird von

anderen als seltsam empfunden. Das führt z.T. zu offener [13] .... und zur Außenseiterstellung. Die

[14] .... der Kinder, die sich als „anders" erleben, ist unterschiedlich: Manche ziehen sich immer

mehr zurück und werden [15] ...., andere versuchen durch [16] .... an eine Gruppe

Anerkennung zu erreichen und scheitern gerade damit. Den Betroffenen kann man nur empfehlen,

[17] ...., z.B. von Psychologen, in Anspruch zu nehmen, um sich aus der [18] .... zu

befreien. Eine Veränderung kann allerdings auch durch glückliche Umstände eintreten, z.B. wenn jemanden sich der

allgemeinen [19] .... widersetzt und bewusst [20] .... aufnimmt. In manchen Fällen

verbergen sich hinter Außenseitern auch bisher nicht erkannte [21] .... Doch es ist besser nicht auf den

[22] .... zu warten, sondern selbst initiativ zu werden.

2 Richtig schreiben: Umlaute

Lesen Sie im Tipp Punkt 1–3 und ergänzen Sie die Elemente aus dem Schüttelkasten in der passenden Form.

> „tränenüberströmt" ist eines der wenigen Wörter, in dem alle drei Umlaute des Deutschen vorkommen – „umlauten"
> bedeutet die Veränderung der Vokale „a" zu „ä" („au" zu „äu"), „o" zu „ö" und „u" zu „ü", z. B.
> 1. Bei einigen einsilbigen Adjektiven wird der Stammvokal im Komparativ und Superlativ umgelautet, z. B. groß –
> größer – am größten.
> 2. Einige Nomen bilden den Plural durch Umlautung des Stammvokals, z. B. das Loch – die Löcher.
> 3. Bei unregelmäßigen Verben wird in einigen Fällen im Präsens der Stammvokal umgelautet, z. B. fahren: du fährst,
> sie fährt; laufen: du läufst, er läuft; stoßen: du stößt, sie stößt
> 4. Bei der Bildung der unregelmäßigen Formen des Konjunktivs II erhält der Präteritumstamm einen Umlaut. Der
> Stammvokal ist also wichtig für die Unterscheidung von Präteritum (wir wussten) und Konjunktiv II (wir wüssten).

> alt | Ball | Buch | fallen | fangen | groß | jung | schwach | Stadt | stark | Vortrag | Wald

1. Welcher der drei ____Bücher____stapel ist der größte? – Diese beiden sind gleich hoch, aber der dritte ist am _____.

2. Wir hörten bei der Umweltkonferenz interessante _____ über die Entwicklung der Laub- und Nadel_____

   in der Nähe von Groß_____.

3. Hier das überraschende Ergebnis des Wettbewerbs: Der _____ (57 Jahre) und der _____ (16 Jahre)

   Teilnehmer waren am _____. Die anderen waren leider _____.

4. _____ du beim Jonglieren schon alle _____? – Nein, mindestens einer _____ leider immer zu Boden.

b Lesen Sie beim Tipp in 2a Punkt 4 und ergänzen Sie die Tabelle.

Infinitiv	Präteritum	Konjunktiv II	Infinitiv	Präteritum	Konjunktiv II
1. wissen	sie wussten	sie wüssten	6. kommen	sie kamen	sie
2. sein	sie	sie wären	7. dürfen	sie	sie dürften
3. haben	sie hatten	sie	8. müssen	sie mussten	sie
4. werden	sie wurden	sie	9. können	sie	sie könnten
5. finden	sie	sie fänden	10. mögen	sie mochten	sie

c Zwei Modalverben werden nicht genannt, weil sie im Infinitiv, im Präteritum und im Konjunktiv II keinen Umlaut haben. Welche sind das? Ergänzen Sie die Tabelle.

Infinitiv	Präteritum	Konjunktiv II
1.	du	du
2.	ihr	ihr

d Umlaute sortieren. Lesen Sie den Tipp und sortieren Sie die Wörter nach der ersten Regel in der alphabetischen Reihenfolge.

1. Andacht [1]   Änderung [ ]   Andenken [ ]

   andächtig [ ]   anders [ ]   ändern [ ]

2. Dampf [ ]   Dame [ ]   dämmrig [ ]

   dämmen [ ]   dämlich [ ]   damit [ ]

3. Los [ ]   lösen [ ]   löschen [ ]

   Lösegeld [ ]   Lösung [ ]   losen [ ]

> 1. Bei Bedarf wird „ä" als „ae", „ö" als „oe" und „ü" als „ue"
> geschrieben, z. B. bei Kreuzworträtseln oder wenn
> die Tastatur meist nicht über Umlaute verfügt. Aber
> Achtung: In Wörterbüchern werden meist Umlaute
> wie die einfachen Vokale behandelt, also „ä" wird wie
> „a" sortiert, z. B.: die Sage, die Säge, sagen, sägen.
> 2. Anders ist es in Namenslisten und Telefonbüchern, da
> gilt in der Regel „ä" = „ae"

A Dinge

1 Alltägliche Dinge beschreiben

W **a** Schauen Sie sich das Foto an und notieren Sie die Dinge, die Sie sehen, mit Artikel und Pluralform. LB: A1a

der Frühstückstisch,-e

W **b** Schauen Sie sich das Foto in 1a noch einmal an und beschreiben Sie das Foto und seine Wirkung mithilfe der Redemittel im Schüttelkasten.

> Auf dem Foto sieht man … | Vorne liegt/steht … | Auf dem Teller ist … | Rechts/Links neben dem Teller … |
> In der Mitte des Tisches … | Zwischen dem Brotkorb und der Müslischale … | Rechts/Links hinten liegt/steht … |
> Vor/hinter/neben der Müslischale liegt/steht … | Im Vordergrund … | Im Hintergrund … | Hinten rechts/links … |
> Das Foto wirkt einladend/fröhlich/… | Das Foto macht (keine) Lust/Appetit auf …

Auf dem Foto sieht man …

2 Wortschatz: Bildbeschreibung

W Lesen Sie die Bildbeschreibung im Arbeitsbuch 4 A, 2 a, noch einmal. Ordnen Sie den Wörtern die passende Erklärung zu. Arbeiten Sie ggf. mit einem Wörterbuch. AB: A2a

1. der Betrachter	A. die farbliche Gestaltung des Bildes	1.	I
2. der Kontrast	B. hier: beherrschen	2.	
3. die Farbgebung	C. ein Gegensatz	3.	
4. dominieren	D. die Verwandlung in eine andere Gestalt oder in einen anderen Zustand	4.	
5. hervorheben	E. verstecken	5.	
6. der Zwerg	F. etw., was nicht in der Wirklichkeit existiert	6.	
7. die Metamorphose	G. die Position/den Standort verändern	7.	
8. das Nichtreale	H. in den Vordergrund stellen	8.	
9. verlagern	I. derjenige, der ein Bild/Foto anschaut	9.	
10. verbergen	J. sehr kleiner Mann (im Märchen oder abwertend)	10.	

3 Mein wichtigster Gegenstand – Erklärungen

LB
26–31

Hören Sie die Umfrage im Lehrbuch 4 A, 3 b, noch einmal. Welche Erklärung passt: a oder b? Kreuzen Sie an. Arbeiten Sie, falls nötig, mit einem einsprachigen Wörterbuch. **LB: A3b**

1. auffallen:	**a** sehr deutlich werden	**b** auf etw. fallen
2. Talisman:	**a** ein Mann aus Stein	**b** ein Gegenstand, der Glück bringen soll
3. verkriechen:	**a** sich zurückziehen / verstecken	**b** auf dem Boden kriechen
4. beschränken:	**a** hier: eine Grenze ziehen	**b** hier: nur die wichtigsten Dinge besitzen
5. unterwegs:	**a** unter Menschen sein	**b** nicht zu Hause sein
6. Stempel:	**a** Gerät, um auf Papier Zeichen zu machen	**b** Gerät, mit dem man schreiben kann
7. Klischee:	**a** Weltbild / Meinung	**b** ein Vorurteil / festes Bild

B Die Welt der Dinge

1 „Liebesdinge" – Adjektive mit Suffixen und Adjektive als Komposita

Frau Müller sucht ihren Traummann. Lesen Sie die Kontaktanzeige und ergänzen Sie bei den Adjektiven „-ig, -lich, -isch, -arm, -frei, -los, -reich, -voll". **AB: B3a–e**

Ich, 50 Jahre jung, [1] herz*lich* und [2] stil........., suche dich, einen gepflegten Herrn zwischen 50 und 65, gerne mit Kind(ern), denn ich bin leider [3] kinder......... . Bist du wie ich selbst im Beruf [4] erfolg.........? Ist dein Leben [5] sorgen.........? Bist du [6] ehr......... und [7] humor.........? Dann bist du endlich der Partner, der [8] verständnis......... ist und mit dem ich durch Dick und Dünn gehen kann. Ich selbst bin nicht [9] phantasie........., aber ich interessiere mich für Kunst und Kultur. Nach mehreren Enttäuschungen wünsche ich mir nur eins: eine Beziehung, die [10] rücksichts........., [11] konflikt......... und [12] harmon......... ist. Sei [13] mut......... und melde dich!

Zuschriften bitte mit Bild unter: …

2 Meine neuen Lieblingskekse – Adjektive als Komposita

Formulieren Sie die Produktbeschreibung mit Adjektiven, die „-arm, -frei, -los, -reich" enthalten. **AB: B3d–e**

Die neuen Kekse haben wenig Fett und daher kaum Kalorien. Das Gebäck ist sehr gesund, denn es enthält wenig Salz, dafür aber viele wertvolle Ballaststoffe und viele Vitamine. Da die Kekse keinen Zucker enthalten, sind sie die idealen Süßigkeiten für Kinder. Man kann sie ihnen auch ohne Bedenken als Pausensnack in Kindergarten oder Schule mitgeben, denn sie liefern viel Energie und sind somit perfekt für das Frühstück geeignet.

Die neuen Kekse sind fettarm, …

❸ Brandneue Ware – Komposita mit Adjektiven

(W) **a** Lesen Sie die Wörter in den Schüttelkästen und bilden Sie Komposita mit Adjektiven und notieren Sie sie in die passende Tabellenspalte. Manchmal gibt es mehrere Lösungen. Arbeiten Sie ggf. mit einem Wörterbuch. AB: B3g ▶

alkohol-	arbeits-	früh-	fahr-	hoch-	kinder-	klein-	lebens-	leistungs-	lern-	neu-	schreib-	sonnen-	spiel-	super-	tief-	tod-	zucker-

-bereit	-fähig	-faul	-freudig	-freundlich	-geistig	-gelb	-lustig	-müde	-orientiert	-prozentig	-reich	-schnell	-süchtig	-süß	-traurig	-willig	-zeitig

Adjektiv + Adjektiv	Nomen + Adjektiv	Verb + Adjektiv
frühzeitig,	*alkoholsüchtig,*	*arbeitsfähig,*

(W) **b** Was für ein Auto! Lesen Sie die Erklärungen und ergänzen Sie die passenden Adjektive aus 3a.

1. Der *neureiche* _____ Fahrer hat 500.000 Euro für seinen Rennwagen bezahlt.

2. Das Auto ist gestern geliefert worden. Nun ist es _____ .

3. Es hat 200 PS und fährt _____ .

4. Es hat eine ganz auffällige Farbe: es ist _____ .

5. Es ist ein Zweisitzer und daher nicht _____ .

6. Die kleinen Töchter des Fahrers konnten also nicht mitfahren. Deshalb waren sie _____ .

7. Nach einem kleinen Unfall konnte er sich kaum bewegen und war für den Rest des Tages nicht mehr _____ .

8. Den nächsten Tag verbrachte er Stunden im Krankenhaus und fiel abends _____ ins Bett.

❹ Ein Fehlkauf – Negation mit „in-, un-, miss-"

(V) Beantworten Sie die Fragen und negieren Sie Adjektive mit den Präfixen „in-, un-, miss". AB: B5

> Fremdwörter werden häufig mit der Vorsilbe „in-" negiert, z. B. Sein Verhalten ist für mich <u>nicht akzeptabel</u>. → Es ist <u>in</u>akzeptabel.

1. Sind Sie mit Ihrem neuen Fahrrad zufrieden? – Nein, *ich bin total unzufrieden.*

2. Ist der Rahmen stabil? – Nein, _____ .

3. Ist das Design gelungen? – Nein, _____ .

4. War der Verkäufer höflich? – Nein, _____ .

5. War er denn wenigstens kompetent? – Nein, _____ .

6. Ist die Gebrauchsanweisung verständlich? – Nein, _____ .

7. Ist das Fahrrad geeignet für den Stadtverkehr? – Nein, _____ .

C Die Beschreibung der Dinge

1 Alte Küchenhelfer neu entdeckt – Die Adjektivdeklination

(v) **a** Lesen Sie die Produktbeschreibungen und ergänzen Sie die Adjektivendungen, nach bestimmtem, unbestimmtem Artikel, Possessivartikel und Nullartikel. In zwei Fällen muss keine Endung ergänzt werden. Lesen Sie dazu die Regel unter den Infotexten und kreuzen Sie an. `LB: C3b–e + AB: C1`

1

Der Milchwächter ist ein [1] praktisch*er* Küchenhelfer, der durch [2] rechtzeitig...... Klappern auf dem Topfboden vor [3] überkochend...... Milch warnt. Bis vor [4] einig...... Jahren fand man diesen [5] originell...... Helfer nur im Museum. Aber nun kann man ihn auch in einem Katalog wiederfinden und bestellen. Er wird dann mit einer [6] ausführlich...... Bedienungsanleitung geliefert und erfreut sich inzwischen [7] groß...... Beliebtheit. Milchwächter sind nämlich auch bei [8] viel...... Nudelfans sehr beliebt, denn sie warnen auch bei [9] überkochend...... Nudelwasser.

2

Die „Flotte Lotte", auch Passiermühle oder Gemüsemühle genannt, wurde 1928 von einem [1] belgisch *ch* Erfinder zum Patent angemeldet. Mit dem Gerät, das einen [2] siebartig...... Boden hat und mit einer [3] klein...... Kurbel bewegt wird, kann man Obst oder Gemüse fein durch das Sieb drücken, also passieren. So lässt sich [4] fein...... Gemüsepüree, [5] vitaminreich...... Babynahrung oder [6] fruchtig...... Marmelade zubereiten. Seinen [7] witzig......, deutschen Namen verdankt das Gerät seiner [8] deutsch...... Herstellerin Charlotte Giebel. Der Volksmund hat daraus „flotte Lotte" gemacht, was soviel bedeutet wie die [9] „schnell......Charlotte".

3

Die Entstehung der [1] erst *ch* Kochkisten geht bis ins 19. Jahrhundert zurück. Mit diesem [2] nützlich...... Utensil konnten die Hausfrauen das Mittagessen für ihre [3] groß...... Familie zubereiten, ohne es stundenlang auf dem Herd zu kochen. So sparten sie besonders in den [4] schwer...... Kriegs- und Nachkriegsjahren Brennholz, Kohle oder Strom. Sie kochten ihre Suppen kurz auf, stellten die [5] heiß...... Töpfe in die Kochkiste, verschlossen diese und ließen sie dort weiter garen. Kamen die Kinder mittags nach Hause, war die Suppe [6] fertig...... und sogar noch [7] heiß....... Die Kochkisten wurden damals selbst gebaut: Man nahm einen [8] groß...... Korb oder eine Holzkiste, isolierte sie mit Zeitungspapier, Heu oder Stroh. Die Kochkiste geriet lange in Vergessenheit, aber heute weckt sie besonders bei [9] berufstätig...... Frauen wieder Interesse.

---

1. Steht das Adjektiv vor einem Nomen (= attributiv), bekommt es **a** eine **b** keine Endung.
2. Steht das Adjektiv nach einem Nomen (= prädikativ), bekommt es **a** eine **b** keine Endung.

A

B

C

(v) **b** Lesen Sie die Produktinformationen aus 1a noch einmal. Welches Foto zeigt welches Produkt? Ordnen Sie zu.

Foto A: Text ......　　　**Foto B:** Text ......　　　**Foto C:** Text ......

4

② Meine liebsten Dinge – Die Komparation: prädikativ

(W) Schreiben Sie die Adjektive in der passenden Form (Grundform = G, Komparativ = K oder Superlativ = S). Lesen Sie auch den Tipp im Lehrbuch 4 C, 3 c. `AB: C 3 a`

1. Ich habe viele Bücher im Antiquariat gekauft. Dieses Exemplar war am *teuersten* (teuer / S).

2. Ist der Teddybär .... (süß / G)! Wer hat ihn dir denn geschenkt?

3. Diese Porzellanpuppe ist für Paula. Ist Paula .... (jung / K) oder .... (alt / K) als du?

4. Ich mag „Die Blechtrommel" sehr. Dieser Roman von Grass ist am (bekannt / S) ....

5. Mein alter Füllfederhalter schreibt .... (gut / K) als die modernen aus dem Kaufhaus.

6. Diese Ledertasche ist .... (dunkel / K) als die andere. Sollen wir sie trotzdem kaufen?

7. Mein Bruder sammelt einfach alles. Am .... (viel / S) interessiert er sich für altes Spielzeug.

8. Er geht uns mit seiner (krankhaft / G) .... Sammelwut auf die Nerven.

③ Ein berühmter Sammler – Die Komparation: attributiv

(V) **a** Lesen Sie die Kurzbiografie von Aby Warburg (* 13.06.1866, † 26. 10. 1929). Ergänzen Sie die Adjektive in der passenden Form. Denken Sie auch an Komparativ- und Superlativformen. `LB: C 3 b–e + AB: C 3 b`

Aby Warburg war der [1] *älteste* (alt) Sohn eines [2] .... (wohlhabend) Bankbe-

sitzers. Das [3] .... (ungeliebt) Bankgeschäft überließ er seinen [4] .... (jung)

Brüdern. Bücher waren seine [5] .... (groß) Leidenschaft. Er kaufte in Hamburg ein

Haus, um seine [6] .... (viel) Bücher unterzubringen. Später wurde diese

[7] .... (kostbar) Büchersammlung in eine [8] .... (öffentlich) Bibliothek umgewandelt. Aby Warburg war

nicht nur ein [9] .... (begeistert) Büchersammler, sondern auch ein [10] .... (bedeutend) Kunsthistoriker.

(V) **b** Ergänzen Sie die Endungen in den Aussagen über den berühmten Büchersammler.

1. Dies*er* berühmt*e* .... Sammler lebte in Hamburg.

2. Er gehörte zu d*en* .... bekannt*esten* Bürgern der Stadt.

3. Kein........................ ander........................ Sammler besaß so viel........................ selten........................ Bücher.

4. Er kaufte auf Auktionen all........................ interessant........................ Bücher.

5. Wegen finanziell........................ Probleme musste er manch........................ bekannt........................ Erstdrucke verkaufen.

6. Später konnte er dies........................ fehlend........................ Bücher durch ander........................ schön........................ Exemplare ersetzen.

7. Sein........................ groß........................ Sammlung bildete das Fundament d........................ kulturwissenschaftlich........................ Bibliothek.

8. Als großzügig........................ Bibliotheksgründer ging er in die deutsch........................ Kulturgeschichte ein.

9. Aber sein........................ schön........................ Ausgaben schaute er sich oft allein an und freute sich daran.

④ Altmodische Dinge: Rasiermesser und Rasierpinsel

(V) Lesen Sie die Adjektive im Schüttelkasten und ergänzen Sie sie im Infotext auf der nächsten Seite in der passenden Form. Zweimal kann man den Superlativ einfügen.

entsprechend | geeignet | hochwertig | künstlich | kurz | modern | neu | praktisch | rostfrei | rundlich | scharf | täglich | technisch | unterschiedlich | ursprünglich

Während die Gegenwart ständig [1] *technische* Innovationen hervorbringt, besinnen sich einige Menschen

auf [2] .... Hilfsmittel. Ein Beispiel ist die [3] .... Rasur des Mannes, bei der

[4] .... Nassrasierer mit Wechselklingen oder [5] .... Elektrogeräte bevorzugt

werden. Zugleich gibt es den [6] .... Trend, wieder zum [7] .... Rasiermesser zu

greifen. Im Mittelpunkt steht hier selbstverständlich ein für jeden [8] .... Rasiermesser. Auch Anfänger

sollten sich ein [9] .... Exemplar leisten, damit die Rasur Freude bereitet. Die Rasierklingen sollten aus

[10] .... Edelstahl bestehen. Bei der Rasur des Bartes im Gesicht wird ein Rasierpinsel genutzt,

um den Rasierschaum, die Rasierseife oder die Rasiercreme auf die [11] .... Stellen der Haut

aufzutragen. Rasierpinsel gibt es in [12] .... Preisklassen. Alle bestehen jedoch immer aus einem

[13] ...., [14] .... Stiel zum Anfassen und dem Pinselbausch, der meist aus

[15] .... Haaren hergestellt ist.

D Die Macht der Dinge

1 Wenn das Handy mächtiger wird als der Mensch – Relativpronomen

(W) a Ergänzen Sie die Wörter aus dem Schüttelkasten in der passenden Form. **LB: D3▶**

> anfällig | ausschalten | Diagnose | erforscht | erschreckend | greifen | Griff | konzentrieren | Psyche |
> starren | Therapie | vernachlässigen

Neue Studien belegen es: Es sind die Handys, die uns im [1] *Griff* haben. Immer wieder sieht man in der

Stadt Mütter, die ihre Babys [2] ....; Autofahrer, die beim Fahren im dichten Verkehr ganze Mails tippen. Die

ersten Ergebnisse mit Studenten waren [3] ....: Im Durchschnitt [4] .... wir alle zehn Minuten

zum Handy. Es sind etwa zwei bis drei Stunden täglich, die wir auf den Mini-Bildschirm [5] .... Auch, wenn

wir uns eigentlich auf wichtige andere Dinge [6] .... sollten, funkt das Handy oft dazwischen. Handy-

besitzer haben das Smartphone, das selbst nachts nicht [7] .... wird, immer dabei und sind dadurch immer

erreichbar. Der exzessive Handygebrauch, den man mehr und mehr beobachten kann, hat Auswirkungen auf die

[8] .... der Benutzer, die noch genauer [9] .... werden müssen. Eine erste [10] ....

könnte hier lauten: suchtähnliches Verhalten. Vor allem junge Menschen, deren Persönlichkeitsentwicklung noch nicht

abgeschlossen ist, sind dafür [11] .... Eine [12] .... kann hier helfen, das eigene Verhalten zu

verändern.

(W) b Markieren Sie die Relativsätze in 1a und übertragen Sie die Relativpronomen in die Tabelle. Lesen Sie noch einmal die
Regel im Lehrbuch 4 D, 3 b, und ergänzen Sie die fehlenden Formen.

	Maskulinum	Neutrum	Femininum	Plural
Nominativ				*die*
Akkusativ				
Dativ				
Genitiv				

❷ Die neue Handy-App – Relativsätze: das Relativpronomen und sein Bezugswort

(w) **a** Relativpronomen stehen immer nahe bei dem Bezugswort, das sie definieren. Markieren Sie das Bezugswort und notieren Sie dann das Relativpronomen. **LB: D4a ▸**

1. Es gibt eine neue App, *die* .... überprüft, wie oft man sein Handy benutzt.

2. Sie hat einen Freund, ... Handy nie ausgeschaltet ist.

3. Ein Smartphone ist ein Handy, mit .... man auch im Internet surfen kann.

4. In der U-Bahn sitzen viele Leute, ... mit ihrem Handy spielen.

5. Er besitzt ein Smartphone, ... Tastatur zu klein für seine Finger ist.

6. Die „Handysucht" ist eine Erkrankung, ... noch nicht offiziell anerkannt ist.

7. Ich bin einer der wenigen, ... Handy älter als 10 Jahre ist.

(v) **b** Schreiben Sie den Inhalt der Sätze aus 2a in zwei Hauptsätzen in Ihr Heft.

1. Es gibt eine neue App. Sie überprüft, wie oft man sein Handy benutzt.

(v) **c** Lesen Sie die beiden Hauptsätze und markieren Sie im ersten Satz den Satzteil, auf den sich das markierte Element im zweiten Satz bezieht. Verbinden Sie beide Sätze, indem Sie aus dem zweiten Satz einen Relativsatz bilden. **AB: D3d ▸**

1. Smartphones sind für Studenten sehr wichtig. Ihre Anschaffung ist oft teuer.

Smartphones, deren Anschaffung oft teuer ist, sind für Studenten sehr wichtig.

2. In vielen Unis gibt es kostenloses WLAN. Sie haben die Bedeutung der Smartphones erkannt.

....

3. Per Smartphone melden sich die Studenten für das Seminar an. Sie wollen es belegen.

....

4. Studenten können auch ihre Prüfungsergebnisse einsehen. Ihnen ist das wichtig.

....

5. Sie können das Fachbuch unkompliziert in der Bibliothek ausleihen. Sie brauchen das Buch sehr dringend.

....

6. Sie setzen sich schnell mit einem Professor in Verbindung. Sie benötigen seine Hilfestellung.

....

7. Sie recherchieren für ihre Präsentation. Sie müssen sie für ein Seminar vorbereiten.

....

8. Oder sie verabreden sich spontan mit Kommilitonen. Sie sind mit ihnen in einer Arbeitsgruppe.

....

E Die Ordnung der Dinge

❶ Erfahrungen mit ebay – Relativsätze mit Präpositionen

(w) **a** Wie heißen die Präpositionen? Notieren Sie die entsprechenden Präpositionen und Ergänzungen zu den Verben. **LB: E1a ▸**

1. berichten *von* + *D.*

2. sich erkundigen .... + ...

3. antworten .... + ...

4. arbeiten .... + ...

5. sich ärgern .... + ...

6. warten .... + ...

7. anrufen .... + ...

8. sich austauschen .... + ...

9. sich gewöhnen .... + ...

b Lesen Sie die Sätze und ergänzen Sie die passende Präposition aus 1a und das Relativpronomen.

1. Es gab Sicherheitsprobleme bei Ebay, *von denen* in allen Medien berichtet wurde.

2. Bitte schicken Sie uns eine Mail, _____ wir umgehend antworten werden.

3. Da ist sie, die Spielzeuglokomotive, _____ ich mein ganzes Leben gewartet habe!

4. Es sind oft die hohen Versandkosten, _____ ich mich ärgern muss.

5. Endlich ist das Päckchen angekommen, _____ ich so lange gewartet habe.

6. Hier ist die Telefonnummer unserer Mitarbeiterin, _____ Sie jederzeit anrufen können.

7. Es gibt zurzeit Probleme mit der Produktqualität, _____ Verbesserung wir arbeiten.

8. Sie können sich mit anderen Käufern _____ Verkäufer und _____ Produkte austauschen.

9. Internetauktionen sind eine Verkaufsform, _____ sich die meisten inzwischen gewöhnt haben.

F Die Präsentation der Dinge

1 Wortschatz: Präsentation

a Hören Sie noch einmal die erste „goldene Regel" im Lehrbuch 4 F, 3 b, und ergänzen Sie. **LB: F3b**

LB ◉ 45

Fangen Sie stark an und enden Sie stark!

Einstieg und [1] *Schluss* entscheiden, ob eine [2] P_____ beim [3] P_____ ankommt. Mit

einem [4] g_____ Einstieg gewinnen Sie Ihr Publikum und [5] m_____ es, Ihnen [6] z_____.

Und ein guter Schluss [7] s_____ dafür, dass Ihre Präsentation [8] r_____ und [9] s_____

wirkt. Bereiten Sie [10] d_____ den Einstieg und den Schluss [11] b_____ [12] s_____ vor!

b Lesen Sie die Redemittel. Welche Formulierung passt: a oder b? Kreuzen Sie an.

1. Unser Produkt	a zeichnet sich aus durch …	b ist sehr auffällig.
2. Ein besonderes	a Zeichen ist …	b Merkmal ist …
3. Es hat	a folgendes Material …	b folgende Funktion …
4. einen guten Überblick über das Produkt	a erhalten	b stellen

2 Richtig schreiben: Getrennt- und Zusammenschreibung (1): Adjektiv + Verb

Lesen Sie den Tipp und entscheiden Sie, ob die Verbindung von Adjektiv und Verb
getrennt oder zusammengeschrieben werden muss. Markieren Sie die richtige
Lösung. **LB: F3–4**

> Wenn bei der Verbindung von Adjektiv und Verb ein Wort mit einer neuen Bedeutung entsteht, wird zusammengeschrieben: alleinstehen (keinen Partner haben), fernsehen, freisprechen (juristisch: nicht verurteilen), kleinschreiben (mit kleinen Anfangsbuchstaben schreiben). Bei diesen Wörtern wird der erste Bestandteil betont. Behalten Verb und Adjektiv ihre Bedeutung, schreibt man getrennt: allein stehen (z. B. auf dem Bahnsteig), frei sprechen (ohne Hemmungen, ohne Manuskript). Bei diesen Wortgruppen werden beide Bestandteile betont.

1. Damit ein Vortrag lebendig wirkt, sollte man frei sprechen / freisprechen.
2. Man sollte deutlich sprechen, damit es den Zuhörern leicht fällt / leichtfällt,
dem Vortrag zu folgen.
3. Sie müssen sicher gehen / sichergehen, dass der Beamer und der CD-Player
funktionieren.
4. Reagieren Sie höflich auf Fragen. Sie sollten den Fragesteller nicht bloß
stellen / bloßstellen.
5. Seien Sie bescheiden, Sie sollten nicht wichtig tun / wichtigtun.
6. Sie können für die Zuhörer in der letzten Reihe Bilder und Fotos hoch
halten / hochhalten.
7. Wenn Sie sich an die Tipps halten, wird schon alles gut gehen / gutgehen.

5

A Arbeit

> Nomen mit den Endungen „-heit, -keit, -schaft, -ion, -tät" und „-ung" stehen in Komposita mit einem Fugen-s. Auch das Nomen „Arbeit" braucht oft das Fugen-s.

1 Wortbildung von Adjektiven

(w) **a** Bilden Sie Adjektive mithilfe der Wörter im Schüttelkasten und den Endungen in den Tabellen. `AB: A2`

> die Arbeit | der Erfolg | die Hilfe | die Ideen (Pl.) | die Mühe | die Pflicht | die Schuld | der Sinn | die Verantwortung | der Wert

-voll	-reich	-bewusst
	arbeitsreich,	

(w) **b** Mit welcher Endung („-ig, -lich, -iv") werden die Adjektive zu den folgenden Nomen gebildet? Schreiben Sie das Adjektiv hinter das Nomen. Denken Sie an den Umlaut.

1. der Freund: freundlich
2. die Kreation: _____
3. der Fleiß: _____
4. der Grund: _____
5. die Sorgfalt: _____

6. die Aktion: _____
7. die Teamfähigkeit: _____
8. die Innovation: _____
9. die Tat: _____
10. die Eigeninitiative: _____

2 Wortschatz: Arbeiten

(v) Ordnen Sie die Wörter für „arbeiten" den Kategorien zu. Benutzen Sie ggf. ein einsprachiges Wörterbuch.

> ackern | angestellt sein | arbeiten | aushelfen | beschäftigt sein | jobben | tätig sein

Standardsprache	Umgangssprache
	ackern,

B Welt der Arbeit

1 Wortschatz: Beim Wanderschneider

(v) Lesen Sie den Kommentar im Lehrbuch 5 B, 2 e, noch einmal und ordnen Sie den Begriffen die passende Bedeutung zu. `LB: B 2 e + AB: B1`

1. Bankern Westen verpassen
2. in die Welt aufbrechen
3. geschäftstüchtig sein
4. Motive, die antreiben …
5. dicht gefolgt von China
6. über mehrere Jahre hinweg
7. einer Mode folgen
8. Zugang zu Ideen haben

A. reisen, um Geschäfte in aller Welt zu machen
B. Mitarbeitern von Banken Westen verkaufen
C. es gibt Gründe für die eigene Tätigkeit
D. China kommt gleich auf dem nächsten Platz
E. viele Jahre hintereinander
F. die Möglichkeit haben, neue Ideen zu nutzen
G. ein guter Kaufmann sein
H. etwas wie alle anderen tun

1. [B]
2. [ ]
3. [ ]
4. [ ]
5. [ ]
6. [ ]
7. [ ]
8. [ ]

2 Kurzfassungen von Texten bewerten

(V) **a** Was sollte in einer Kurzfassung von Texten nicht enthalten sein? Kreuzen Sie an. `LB: B3`

1. Titel des Textes ☐
2. Name des Autors / der Autorin ☐
3. die Quelle ☐
4. das Datum der Veröffentlichung ☐
5. die wichtigsten Aussagen ☐

6. markante Beispiele ☐
7. wichtige Argumente oder Begründungen ☐
8. das Thema ☐
9. Zitate aus dem Text ☐
10. die eigene Meinung über den Text ☐

(V) **b** Vergleichen Sie die Kurzfassungen zum Kommentar im Lehrbuch, 5 B, 2 e. Welche Fassung ist besser gelungen? Kreuzen Sie an. Notieren Sie unten, welche Angaben in dem anderen Text fehlen bzw. überflüssig sind.

Text A ☐

Im Zeitungsartikel zum Thema Globalisierung geht es um den Mittelstand, der nun auch Grenzen überschreitet, um zu produzieren. Die Autoren geben dafür drei Gründe an: Die Unternehmen wollen im Ausland einen eigenen Vertrieb aufbauen, neue Märkte erschließen oder billiger produzieren. Sie betonen, dass dies der Wirtschaft im Inland nicht schadet, sondern sie sogar antreibt. Zusammenfassend lässt sich sagen, dass die Globalisierung Chancen, aber auch Risiken für Unternehmer mit sich bringt.

Text B ☐

Der Zeitungsartikel „Die kleinen Globalisierer" von T. Fischermann, U.J. Heuser und D. H. Lamparter ist am 14.4.2005 in der ZEIT erschienen. Im Artikel geht es um den Mittelstand, der beginnt, im Ausland zu produzieren. Als Beispiel dafür wird ein Schneider angeführt, der in New York seine Dienste anbietet, aber in Hongkong zu einem Drittel des Preises produzieren lässt. Die Autoren nennen drei Gründe, warum der Mittelstand die Globalisierung für sich entdeckt hat: Die Unternehmen wollen im Ausland einen eigenen Vertrieb aufbauen, sie möchten neue Märkte erschließen oder billiger produzieren. Die Autoren zitieren Forscher, die diese Entwicklung über Jahre analysiert haben. Sie betonen, dass dies der Wirtschaft im Inland nicht schadet, sondern sie sogar antreibt. Zusammenfassend lässt sich sagen, dass die Globalisierung Chancen, aber auch Risiken für Unternehmer mit sich bringt.

Im Text ...

C Arbeiten auf Probe

1 Passiv-Baukasten

(W) **a** Lesen Sie die Sätze. Welche Passivform passt: a oder b? Kreuzen Sie an. `LB: C3a-c + AB: C3a-b`

1. Younes hat lange nach einem Praktikumsplatz gesucht. Schließlich ist er von einer kleinen Firma

   a angenommen geworden.
   b angenommen worden.   *Perfekt*

2. Nach sechs Monaten wurde er als Vertretung für einen kranken Kollegen

   a einstellt worden.
   b eingestellt.   ....

3. Später ist er sogar fest

   a angestellt worden.
   b anstellen geworden.   ....

4. Zuvor war eine Probezeit

   a vereinbart worden.
   b vereinbart wurde.   ....

5. Im nächsten Jahr wird Younes von der Firma unbefristet

   a übernommen worden.
   b übernommen werden.   ....

6. Er hatte großes Glück, denn heute werden viele Arbeitnehmer nur auf Zeit

   a beschäftigt.
   b beschäftigen werden.   ....

b Markieren Sie alle korrekten Passivformen in 1a. Ergänzen Sie dann rechts in der Tabelle das jeweilige Tempus (Präsens, Perfekt, Präteritum, Plusquamperfekt, Futur I).

2 Die Angabe des Agens

Wer macht hier was? Überlegen Sie, wer in den Sätzen das Agens ist und markieren Sie das Wort. Korrigieren Sie die falschen Sätze in Ihrem Heft. Es sind nicht alle Sätze falsch! Der Tipp im Arbeitsbuch 5 C, 3 c, kann Ihnen helfen. AB: C3c

1. Der Kaffee für den Chef wird von der neuen Praktikantin, Erika Kube, gekocht.
2. Die neue Praktikantin wird von den Kopien gemacht.
3. Jeden Morgen wird die Sekretärin von der Praktikantin in ihre Aufgaben eingewiesen.
4. Oft werden von den Studenten, die ein Praktikum absolvieren, nur Hilfsarbeiten verrichtet.
5. Viele Firmen werden also von den Studenten ausgenutzt.
6. Doch das Team wurde von Erika Kube schon oft mit anspruchsvollen Arbeiten beauftragt.
7. Erika wurde durch die Sekretärin darüber informiert, dass die Firma sie übernehmen will.

1. Korrekt.

2. Die Kopien werden von der neuen Praktikantin gemacht.

3 Unpersönliches Passiv (Passiv ohne Subjekt)

a Was wird wo gemacht? Ordnen Sie die Tätigkeiten in dem Schüttelkasten den Orten zu und vervollständigen Sie die Passivform. AB: C3e

Getränke servieren | über ein Projekt diskutieren | kopieren | über Kollegen sprechen | telefonieren | Protokoll führen | mit dem Kellner scherzen | Projektideen vorstellen | speisen

1. Im Café …
   a. *werden Getränke serviert.*
   b. ....
   c. ....

2. Im Büro …
   a. ....
   b. ....
   c. ....

3. Auf der Teambesprechung …
   a. ....
   b. ....
   c. ....

b Formulieren Sie die Sätze aus 3a so um, dass sie mit „es" beginnen. Notieren Sie die Sätze wie im Beispiel.

1a. Es werden Getränke serviert.; 1b.

Wenn an Position 1 keine Ortsangaben oder andere Satzelemente stehen, steht „es" als Platzhalter an Position 1.

4 Passiv mit Modalverben – Zeitformen

a Ergänzen Sie in der Tabelle das Passiv mit Modalverb in den verschiedenen Zeitformen. LB: C3d + AB: C4

Präsens	es muss erledigt werden	
Präteritum		ihr konntet unterstützt werden
Perfekt		
Plusquamperfekt		

b **b** Markieren Sie die Verbformen in den Aktivsätzen und notieren Sie die Zeitformen.

1. Man muss die Bedingungen für die Praktikanten verbessern. ..... *Präsens* .....

2. Man muss Praktikanten auch schwierigere Aufgaben übertragen. ....

3. Die Statistik zeigt, dass viele Studenten bisher nur wenige Berufserfahrungen sammeln konnten. ....

4. Mit den Betriebsräten haben wir bis jetzt keine Einigung erreichen können. ....

5. Schon letzten Februar hatten wir keine Kompromisse finden können. ....

c Formulieren Sie die Forderungen aus 4b im Passiv. Lesen Sie dazu auch die Regeln im Arbeitsbuch 5 C, 4 c.

1. *Die Bedingungen für die Praktikanten müssen verbessert werden.*

2. ....

3. ....

4. ....

5. ....

5 Erika Kube chattet mit ihrem Cousin – Das „sein"-Passiv (Zustandspassiv)

a Ergänzen Sie das „sein"-Passiv und beachten Sie dabei die Zeitformen. `LB: C3e + AB: C5`

Erika:	Ich habe gute Nachrichten. Stell dir vor, ich habe einen festen Job!
Alexander:	Das ist ja toll! Will die Firma dich einstellen?
Erika:	Ich [1] *bin* sogar schon eingestellt!
Alexander:	Das ging ja schnell! [2] .... der Vertrag schon unterschrieben?
Erika:	Der Chef hat mir ein Angebot gemacht, wir haben alles besprochen, und eine Stunde später [3] .... die Papiere schon unterschrieben.
Alexander:	Was sagen denn deine Kollegen dazu, dass du übernommen [4] ....?
Erika:	Sie freuen sich natürlich. Einige [5] .... schon vor mir darüber informiert.
Alexander:	Ich freue mich auch für dich. Das müssen wir unbedingt feiern!
Erika:	Das machen wir. Du und meine Freunde, ihr [6] .... natürlich eingeladen. Aber die Party steigt erst, wenn mein erstes Gehalt überwiesen [7] ....

b „werden"-Passiv oder „sein"-Passiv? Lesen Sie den Tipp. Entscheiden Sie dann, welche Form richtig ist und korrigieren Sie, wenn nötig, falsche Formen.

> Das **Vorgangspassiv** beschreibt eine Handlung als Prozess. Als Hilfsverb benutzt man „werden", z. B. Die Konferenz wird organisiert („werden"-Passiv).
> Das **Zustandspassiv** beschreibt einen Zustand als Resultat einer abgeschlossenen Handlung. Als Hilfsverb wird „sein" gebraucht („sein"-Passiv), z. B. Als der Chef kam, war die Konferenz schon vorbereitet. (D. h. man war mit der Vorbereitung fertig.)

Die Hochschulabsolventin Erika Kube erzählt: „Anfang Oktober habe ich mich

beworben, und schon drei Tage später wurde ich von der Firma zum ....✓....... 1

Vorstellungsgespräch eingeladen. Als ich in die Firma kam, wurde der 2

Personalchef bereits über meine beruflichen Erfahrungen informiert. Ich

passte in die Firma, und ich sollte schon spätestens Mitte Oktober eingestellt sein. 3

Nach dem Gespräch wurde ich den Kollegen vorgestellt. 4

Anschließend waren die Formalitäten erledigt. Schon in meiner ersten 5

Praktikumswoche war ich mit anspruchsvollen Aufgaben betraut. Zu den 6

meisten Besprechungen bin ich sogar eingeladen. Die Arbeit gefällt mir, ... 7

aber sie ist auch stressig. Feierabend habe ich erst, wenn alles erledigt wird. 8

Und Geld für die Mehrarbeit ist mir ja leider nicht gezahlt. 9

c Lesen Sie den Infotext und ergänzen Sie alle Passivformen. **LB: C3 + AB: C3-5**

Unsere Gewerkschaft setzt sich seit Monaten für Praktikanten ein, denn die Bedingungen im Praktikum [1a] *müssen*

unbedingt [1b] *verändert werden* (verändern müssen / Präs.). Einige unserer Forderungen [2a] ....

bereits [2b] .... (erfüllen / Perf.). Über andere Punkte [3a] .... auf

jeden Fall noch weiter [3b] .... (verhandeln müssen / Präs.). Beispielsweise

[4a] .... die Praktikanten oft nicht für ihre Arbeit [4b] .... (bezahlen / Präs.).

Ein Gehalt für alle Praktikanten [5a] .... von uns jedoch [5b] ....

(fordern / Plusqu.). Umfragen in Betrieben zeigen, dass viele Praktikanten in letzter Zeit auch zu anspruchsvolleren

Aufgaben [6a/b] .... (heranziehen / Prät.). Es [7a] .... auch weniger

Überstunden [7b] .... (machen / Perfekt). Ein kleiner Fortschritt [8a] ....

also [8b] .... (erreichen / Zustandspassiv / Präs.), andere [9a] .... hoffentlich noch

[9b] .... (erzielen können / Präs.).

D Arbeit gesucht

1 Eine Bewerbung schreiben – Redemittel

a Verbinden Sie die Sätze mithilfe der Konnektoren. Es gibt mehrere Möglichkeiten. **LB: D1a + AB: D1a**

| aufgrund dessen | außerdem | da | darum | deshalb |

1. Für die von Ihnen ausgeschriebene Stelle bringe ich viele Qualifikationen mit. Ich möchte mich bewerben.
   Für die von Ihnen ausgeschriebene Stelle bringe ich viele Qualifikationen mit, deshalb möchte ich mich bewerben.
   ....

2. Mit den Programmen für die Erfassung der Kundendaten bin ich bestens vertraut. Ich habe mich in meinem Job dazu kontinuierlich weitergebildet.
   ....
   ....

3. Ich beherrsche neben meiner Muttersprache Portugiesisch auch Englisch und Französisch. Ich kann mir eine Tätigkeit in einem international agierenden Unternehmen sehr gut vorstellen.
   ....
   ....

4. Ich beende derzeit meine Masterarbeit. Ich kann Ihnen ab dem 1.10.... zur Verfügung stehen.
   ....
   ....

5. Ich habe 20... mein Studium der Wirtschaftswissenschaften erfolgreich abgeschlossen. Ich bringe bereits praktische Erfahrungen aus einem Nebenjob im Bereich der Abrechnung mit.
   ....
   ....

Welcher Satz passt zu den Teilen eines Bewerbungsbriefes? Ordnen Sie zu. `LB: D1a + AB: D3a`

1. Anrede	A. Ich könnte Ihnen ab dem 1.12.20… zur Verfügung stehen.	1.	I
2. Einleitungssatz	B. Nach meiner Elternzeit möchte ich mich nun beruflich weiterentwickeln.	2.	
3. Qualifikationen	C. Mit freundlichem Gruß	3.	
4. Arbeitserfahrung	D. Ich arbeite selbstständig und kann mich schnell in neue Themen einarbeiten.	4.	
5. Motivation	E. Über die Einladung zu einem persönlichen Gespräch würde ich mich sehr freuen.	5.	
6. Soft Skills	F. Ich bringe neben einem sehr guten Studienabschluss auch sehr gute Fremdsprachenkenntnisse in Englisch und Spanisch mit.	6.	
7. mögliches Eintrittsdatum	G. Auf die in der Stuttgarter Zeitung ausgeschriebene Stelle als … möchte ich mich bewerben und sende Ihnen hiermit meine Bewerbungsunterlagen.	7.	
8. Abschlusssatz	H. Ich verfüge über umfangreiche Erfahrungen im Bereich Büroorganisation.	8.	
9. Grußformel	I. Sehr geehrte Damen und Herren, …	9.	

(v) c Schreiben Sie mithilfe der Sätze aus 1 und 2a ein Musteranschreiben in Ihr Heft.

> Bewerbungsanschreiben sind nach einer bestimmten Reihenfolge aufgebaut: Nach einem Einleitungssatz mit Bezug auf ein vorangegangenes Telefonat oder auf eine Anzeige werden i. d. R. zuerst die fachlichen Qualifikationen und die Berufserfahrung beschrieben. Dies sind die stärksten Argumente für eine Bewerbung. Deshalb müssen sie zu Beginn des Anschreibens stehen. Anschließend sollte die Motivation für die Bewerbung erläutert werden. Nicht fehlen dürfen außerdem die persönlichen Kompetenzen (Soft Skills) sowie der abschließende Satz mit Wunsch nach einem Gespräch. Das Eintrittsdatum sollte nur genannt werden, wenn dies in der Anzeige verlangt wird.

E Freude an der Arbeit

❶ Passiversatzformen: „sich lassen" + Infinitiv

(w) Frust bei der Arbeit. Ingo ärgert sich über seine Arbeit und seinen Chef. Formulieren Sie die Sätze mit der Passiversatzform „sich lassen" + Infinitiv. `LB: E2-3`

1. Das Projekt kann nicht in zwei Monaten realisiert werden.

   Das Projekt lässt sich nicht in zwei Monaten realisieren.

2. Die Ideen des Chefs kann man nicht umsetzen.

   ....

3. Die finanziellen Mittel können nicht so einfach beschafft werden.

   ....

4. Die Kunden können nur schwer von dem Projekt überzeugt werden.

   ....

5. Es ist nicht möglich, das Projekt ohne die Unterstützung der Kollegen zu organisieren.

   ....

6. Ob das Projekt erfolgreich sein wird, kann man nicht vorhersagen.

   ....

7. Unter diesem enormen Druck ist die Arbeit kaum zu bewältigen.

   ....

5

② Viel zu tun! – Passiversatzformen: „sein" + „zu" + Infinitiv

(v) **a** Formen Sie die Sätze mit Hilfe der Passiversatzform „sein" + „zu" + Infinitiv um. `LB: E3 + AB: E2`

1. Das Projekt muss in kürzester Zeit realisiert werden.

   Das Projekt ist in kürzester Zeit zu realisieren.

2. Die Gelder für das Projekt müssen beschafft werden.

   ....

3. Falls nötig, können wir Unterstützung aus anderen Abteilungen anfordern.

   ....

4. Man muss die Kunden unbedingt von unserem Vorhaben überzeugen.

   ....

5. Während des Projekts kann kein Urlaub gewährt werden.

   ....

6. Bei Problemen müssen der Chef und sein Stellvertreter informiert werden.

   ....

7. Wir müssen das Projekt noch vor Jahresende abschließen.

   ....

(v) **b** Passiversatz „sein" + Verbstamm + „-bar".
Lesen Sie den Tipp zur Bildung dieser
Passiversatzform. Bilden Sie anschließend
zu den unten aufgeführten Verben
Adjektive auf „-bar".

> Als Alternative zu Passivsätzen mit „können" wird oft die Ersatzform „sein" + Verbstamm + „-bar" gebraucht. Das neu entstandene Adjektiv benutzt man zusammen mit dem Verb „sein", z. B. Das Projekt ist nicht realisierbar. Achtung: Bei reflexiven Verben entfällt das Reflexivpronomen, z. B. sich erkären → erklärbar

1. umsetzen: *umsetzbar*   3. sich vorstellen: ....   5. erreichen: ....

2. einsetzen: ....   4. finanzieren: ....   6. machen: ....

(v) **c** Frau Wirth informiert ihren Chef per Mail über die letzte Teambesprechung. Schreiben Sie diese E-Mail in Ihr Heft und verwenden Sie anstelle der markierten Verbformen die Passiversatzform „sein" + Verbstamm + „-bar". Lassen Sie das Agens weg.

Sehr geehrter Herr Lorsch,

in der ersten Teambesprechung konnten nicht alle Punkte umgesetzt werden:
Die Kosten können von den Sponsoren in der vereinbarten Höhe finanziert werden. Höhere Beiträge können sie sich jedoch nicht vorstellen.
Herr Nüßig hat in der nächsten Woche Urlaub, weshalb er sich nicht, wie geplant, für Kundengespräche einsetzen lässt. Frau Kregel soll seine Vertretung übernehmen. Sobald sie telefonisch zu erreichen ist, werde ich Sie darüber informieren.
Frau Henze bittet Sie darum, ihr ausnahmsweise nächsten Donnerstag frei zu geben, da für ihre Kinder keine Betreuung organisiert werden kann. Lässt sich das machen?

Mit freundlichem Gruß
Carolina Wirth

Sehr geehrter Herr Lorsch,

in der ersten Teambesprechung waren nicht alle Punkte umsetzbar: …

F Erst die Arbeit, dann das Vergnügen

① Wortschatz: Nützliche Dinge im Büro

Ⓥ **a** Ordnen Sie die Begriffe den Bildern zu wie im Beispiel. Arbeiten Sie ggf. mit einem einsprachigen Wörterbuch. `LB: F1`

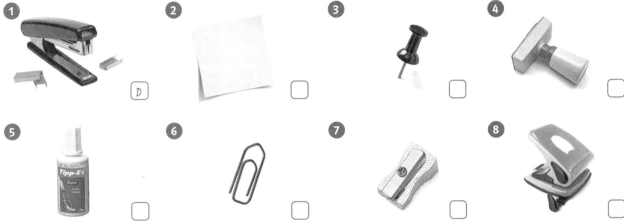

A. der Pin | B. die Büroklammer | C. der Stempel | D. der Klammerhefter | E. die Korrekturflüssigkeit |
F. der (An)Spitzer | G. die Haftnotiz | H. der Locher

Ⓥ **b** Womit kann man das tun? Ergänzen Sie die Erklärungen mit den Begriffen aus 1a.

1. Mit *dem Klammerhefter* .... kann man mehrere einzelne Blätter fest zusammenheften.

2. Mit .... kann man etwas an die Wand, an ein Bord heften.

3. Mit .... kann man mehrere einzelne Blätter locker zusammenhalten.

4. Mit .... kann man Löcher in Papiere machen, um sie in Ordnern abzuheften.

5. Mit .... kann man einen Fehler übermalen.

6. Mit .... kann man Notizen gut sichtbar irgendwohin kleben.

7. Mit .... kann man Bleistifte oder Buntstifte spitz machen, also anspitzen.

8. Mit .... kann man Blätter mit einer Adresse, einem Datum oder Ähnlichem versehen.

② Richtig schreiben: Getrennt- und Zusammenschreibung (2): Verb + Verb

> Die meisten Verbindungen von Verb + Verb werden getrennt geschrieben. Ausnahme: Beim Verb „kennenlernen" sind beide Schreibweisen – getrennt oder zusammen – zulässig. Empfohlen wird die Schreibweise in einem Wort. Verbindungen mit „lassen" und „bleiben": Haben sie eine übertragene Bedeutung (also nicht die wörtliche), können die Verben zusammengeschrieben werden, z.B.: Max ist lange im Bett liegen geblieben. (wörtl. Bedeutung) Clara ist mit ihrem Auto liegengeblieben. d.h., sie hatte eine Panne. (übertrag. Bedeutung)

Ⓔ Lesen Sie den Tipp. Hat das Verb in den Sätzen eine wörtliche (w) oder übertragene (ü) Bedeutung? Kreuzen Sie an und notieren Sie das Verb.

1. Er hat seine Tasche im Bus *liegen lassen* .... (liegen lassen)　ⓦ ⓤ

2. Er musste die 5. Klasse wiederholen: Er ist .... (sitzen bleiben)　ⓦ ⓤ

3. Den Text müssen wir nicht verändern, das kann so .... (stehen bleiben)　ⓦ ⓤ

4. An der Ampel muss man .... (stehen bleiben)　ⓦ ⓤ

5. Ich habe die Mitarbeiter nach Hause .... (gehen lassen)　ⓦ ⓤ

6. Max hat sich seit Wochen nicht geduscht: Er hat sich .... (gehen lassen)　ⓦ ⓤ

6

A Streiten oder kooperieren?

1 Streit: den Streitpartner beschreiben

(W) a Bilden Sie aus 1–3 Elementen im Schüttelkasten weitere 15 Adjektive. `LB: A1a + AB: A2`

> ~~ag~~ | bereit | dick | eigen | ent | flegel | fühlend | gegen | ~~gres~~ | haft | höf | ig | kant | kommend |
> kompro | köpfig | kritisch | lich | los | lustig | miss | mit | nach | pro | rant | selbst | sichtig | sinn |
> ~~siv~~ | ständnis | streit | streit | süchtig | takt | tole | un | ver | vo | voll

1. *aggressiv* [n]   5. .... ☐   9. .... ☐   13. .... ☐
2. .... ☐   6. .... ☐   10. .... ☐   14. .... ☐
3. .... ☐   7. .... ☐   11. .... ☐   15. .... ☐
4. .... ☐   8. .... ☐   12. .... ☐   16. .... ☐

(W) b Haben die Adjektive aus 1a eine positive (p) oder eine negative (n) Bedeutung? Notieren Sie in 1a wie im Beispiel.

2 Krach: Emotionen in bildhafter Sprache

(W) Welche Bedeutung haben die Redewendungen? Ordnen Sie zu. `LB: A2a`

1. Das bringt mich auf die Palme.	A. Ich war mit meiner Geduld am Ende.	1. [B]
2. Da ist mir der Kragen geplatzt.	B. Das ärgert mich wahnsinnig.	2. ☐
3. Ich bin total sauer auf dich.	C. Sie ist sehr wütend.	3. ☐
4. Sie kocht vor Wut.	D. Sie hatte einen Wutanfall.	4. ☐
5. Da ist sie einfach explodiert.	E. Er wird leicht wütend.	5. ☐
6. Er geht schnell in die Luft.	F. Ich bin sehr böse auf dich.	6. ☐

B Konfrontation oder Verständigung?

1 Wortschatz: Streit

(W) a Lesen Sie den Zeitungskommentar im Lehrbuch 6 B, 1b, noch einmal und notieren Sie 10 Nomen, Verben oder Adjektive zum Thema „Streit". `LB: B1b–c`

die Fetzen fliegen, ...

....

(W) b Bilden Sie aus den Elementen in den Schüttelkästen Komposita und sortieren Sie sie in die Tabelle in Ihr Heft. Denken Sie auch an das Fugen-s.

> ~~Amt~~ | Einfühlung | gegen | hoch | Justiz |
> Kompromiss | Konflikt | Konkurrenz | Meinung |
> nächsten | schlagen | Streit | Verhandlung |
> Wort | zivil | zusammen

> Arbeit | Behörde | Bereitschaft | Druck |
> Fertigkeit | Geschick | ~~Gericht~~ | Liebe | Rechnung |
> Situation | Sucht | Spieler | Verfahren |
> Vermögen | Verschiedenheit | Wechsel

Adjektiv + Nomen	Adverb + Nomen	Nomen + Nomen	Präposition + Nomen	Verb + Nomen
		das Amtsgericht,		

48

W c Lesen Sie die Verben rund um das Thema „Streit". Was passt? Kreuzen Sie an.

1. Man kann einen Streit

☐ anfangen. ☐ beenden. ☐ beilegen. ☐ beraten. ☐ haben. ☐ suchen.

2. Man kann mit jemandem im Streit

☐ auseinandergehen. ☐ befinden. ☐ leben. ☐ liegen. ☐ sein. ☐ kommen.

3. Man kann in Streit

☐ beraten. ☐ enden. ☐ gehen. ☐ geraten. ☐ kommen. ☐ stehen.

2 Erwartungen und Realität – Verben mit dem Präfix „er-"

W In diesem kurzen Infotext fehlen Verben, die mit dem Präfix „er-" beginnen. Ergänzen Sie sie und notieren Sie sie anschließend unten. LB: B2a + c

Man [1] er_wartet_ z. B. ein besonders harmonisches Weihnachtsfest. Alle Familien-mitglieder [2] er_____ sich entspannte Atmosphäre, ein paar ruhige Tage, sozusagen „Friede-Freude-Eierkuchen". Aber leider [3] er_____ sich dieser Wunsch nicht so oft. Konflikte haben aber auch eine gute Seite. Sie [4] er_____ den notwendigen Druck für Veränderungen.

1. _erwarten_ + _Akk._   3. sich _____

2. sich _____ + _____   4. _____ + _____

3 Wozu eigentlich streiten? – Verweisformen und Textzusammenhang

W a Lesen Sie den Tipp im Arbeitsbuch 6 B, 2a, noch einmal und markieren Sie in dieser Kolumne zum Thema „Streit" aus einer Zeitung die passende Verweisform. AB: B2a

Nicht selten kommt [1] das / es / darum vor, dass streitsüchtige Leute besonders um Dinge streiten, [2] mit denen / um die / wofür es sich gar nicht zu streiten lohnt. [3] Denn / Darum / Damit „sich um etwas streiten" bedeutet, dass sie etwas unbedingt haben möchten. Aber man kann leider nicht immer alles haben. Geht es im Leben nicht vielmehr [4] um / darum / darüber, ob man zufrieden, gesund oder glücklich ist, liebt oder geliebt wird? Und [5] diese Dinge / es / die sind Werte, um die man sich bemühen sollte, aber [6] welche / keine / nämlich, die man in Händen halten oder wie einen Wertgegenstand erwerben, also besitzen kann. Sollten wir [7] aus diesem Grund / damit / nämlich nicht eher für eine bessere Welt streiten? [8] Eins / Die / Das bräuchten wir doch viel dringender als Streitigkeiten um materielle Dinge oder Besitztümer. Wünschen wir uns nicht alle dasselbe, [9] nämlich dies / es / eins: eine saubere Umwelt, Freundschaft, Beziehungen, eine erfüllende Beschäftigung, Liebe und das nötige Kleingeld zum Leben?

W b Ordnen Sie die Verweisformen aus 3a als rückverweisend oder vorwärtsverweisend ein.

rückverweisend	vorwärtsverweisend
	1. „es": Bezug später: .., dass streitsüchtige Leute besonders um Dinge streiten

C Streit um jeden Preis

1 Streit unter Nachbarn – Der Konjunktiv II

(w) **a** Erinnern Sie sich noch? Ergänzen Sie die fehlenden Formen und markieren Sie die Besonderheiten. `AB: C4a`

Infinitiv	Präteritum	Konjunktiv II	Infinitiv	Präteritum	Konjunktiv II
1. **bleiben**	ich *blieb*	ich *bliebe*	9. **haben**	ich	ich
2. **brauchen**	du	du	10. **können**	du	du
3. **bringen**	er	er	11. **lassen**	er	er
4. **bekommen**	sie	sie	12. **müssen**	sie	sie
5. **dürfen**	es	es	13. **sein**	es	es
6. **gehen**	wir	wir	14. **werden**	wir	wir
7. **geben**	ihr	ihr	15. **wissen**	ihr	ihr
8. **finden**	sie / Sie	sie / Sie	16. **wollen**	sie / Sie	sie / Sie

(w) **b** Lesen Sie den Tipp im Arbeitsbuch 6 C, 4 a, noch einmal und korrigieren Sie die Konjunktiv-II-Formen (Aktiv und Passiv).

Konjunktiv II (Gegenwart)

1. ich ~~führte~~: *ich würde führen*

2. wir arbeiten müssten: ....

3. du konntest mieten: ....

4. Sie entschuldigten sich: ....

5. er ließte: ....

6. ihr habtet: ....

7. es gebe: ....

8. sie wurde gestört: ....

Konjunktiv II (Vergangenheit)

1. ich ~~wäre gehen~~: *ich wäre gegangen*

2. du hättest kommen: ....

3. er ist gestört werden: ....

4. ihr hättet gekündigt worden: ....

5. sie würden sich gestritten: ....

6. wir hätten gefahren: ....

7. man hätte Streit vermeiden: ....

8. er hätte sich nicht beschweren: ....

2 Wenn sie sich gut verstehen würden, ... – Irreale Bedingungssätze

(w) **a** Bilden Sie irreale Bedingungssätze im Konjunktiv II mit und ohne Konnektor. Wählen Sie: „hätte / wäre / würde", ein Modalverb oder ein anderes Verb im Konjunktiv II und schreiben Sie die Sätze in Ihr Heft. `LB: C2a–c + AB: C4c`

1. Herr May – keine Kurzarbeit machen / er – nichts dazu verdienen müssen
2. er – nichts dazu verdienen / er – Wohnung nicht bezahlen können
3. er – keinen Schichtdienst haben / er – Kleinmöbel am Nachmittag bauen
4. Frau Wald – keine Kinder haben / sie – nicht zu Hause arbeiten müssen
5. ihre Kinder – gut schlafen / sie – mit ihren Projekten nicht in Verzug sein
6. Frau Wald und Herr May – öfter miteinander sprechen / sie – gemeinsam eine Lösung finden können
7. Frau Wald und Herr May – sich einigen / Frau Wald – nicht zum Anwalt gehen
8. Frau Wald und Herr May vor Gericht – gehen sollen / für alle – hohe Kosten entstehen

1a. Wenn Herr May keine Kurzarbeit machen würde, müsste er nichts dazu verdienen.

1b. Würde Herr May keine Kurzarbeit machen, müsste er nichts dazu verdienen.

(W) **b** Frau Miller wird 75 und schaut kritisch auf ihr Leben zurück. Lesen Sie den Tipp im Arbeitsbuch 6 C, 4 c. Bilden Sie mithilfe der Angaben im Schüttelkasten irreale Bedingungssätze im Konjunktiv II (Vergangenheit) mit und ohne Modalverb.

> Es wäre besser gewesen, wenn … | Dann … | Hätte ich (nicht) …, (dann) … | Wenn ich (nicht) …, hätte / wäre ich …

1. Ich habe schon jung geheiratet. (Schulabschluss machen)
2. Ich durfte keine Uni besuchen. (Medizin studieren)
3. Ich habe keinen Beruf lernen können. (Krankenschwester werden)
4. Ich hatte so viele Alltagssorgen. (nicht oft krank sein)
5. Ich habe kein Haus gebaut. (heute keine Miete bezahlen)
6. Ich habe im Urlaub nur wenige Male ins Ausland fahren können. (Welt kennenlernen)

1. Es wäre besser gewesen, wenn ich erst später geheiratet hätte. Dann hätte ich einen Schulabschluss gemacht.

(W) **c** Ergänzen Sie in der Tabelle die Indikativ- und Konjunktiv II-Formen mit Modalverb. `LB: C2e + AB: C6c`

	Indikativ Vergangenheit Aktiv	Konjunktiv II Vergangenheit Aktiv
Prät.	1. Herr M. wollte Kleinmöbel *bauen* .	7. Wenn Herr M. nicht hätte Kleinmöbel ...., (dann) …
Perf.	2. Herr M. .... Kleinmöbel bauen	8. Hätte Herr M. nicht Kleinmöbel ...., (dann) …
Plusq.	3. Herr M. hatte Kleinmöbel	
	Indikativ Vergangenheit Passiv	**Konjunktiv II Vergangenheit Passiv**
Prät.	4. Der Streit sollte nicht vor Gericht	9. Wenn der Streit vor Gericht .... beigelegt ...., …
Perf.	5. Der Streit .... nicht vor Gericht beigelegt	10. Hätte der Streit vor Gericht .... …
Plusq.	6. Der Streit hatte nicht vor Gericht	

(V) **d** Bilden Sie irreale Bedingungssätze in der Vergangenheit Passiv mit und ohne Modalverb und ergänzen Sie die Aussagen in Klammern wie im Beispiel. `LB: C2e + AB: C6d`

1. Als Kind wurde Herr May streng erzogen. (heute – toleranter Mensch)

   a. *Wenn Herr May als Kind nicht streng erzogen worden wäre, wäre er heute ein toleranter Mensch.*

   b. *Wäre Herr May als Kind nicht streng erzogen worden, wäre er heute ein toleranter Mensch.*

2. Frau Wald ist bei ihrer Arbeit zu Hause oft gestört worden. (keine Aufträge verloren)

   a. ....

   b. ....

3. Ihre Kinder waren in dem Gespräch beschimpft worden. (Frau Wald – nicht wütend sein)

   a. ....

   b. ....

4. Frau Walds Anwalt konnte leider nicht kommen. (Er – Frau Wald unterstützen)

   a. ....

   b. ....

5. Vor Gericht hat der Fall zum Glück nicht geklärt werden müssen. (Herr Wald – Prozess verlieren – mit Sicherheit)

   a. ....

   b. ....

❸ Richtig schreiben: Das Ausrufezeichen

(V) **a** Lesen Sie zunächst den Tipp und markieren Sie die wichtigsten Informationen.

Als Satzschlusszeichen können je nach Satztyp stehen: Punkt, Ausrufezeichen, Fragezeichen.

Das Ausrufezeichen schließt einen Befehls- beziehungsweise Ausrufesatz ab. Damit drückt die Person besonderen Nachdruck aus. Befehle (z. B. Geh jetzt! Hört endlich auf zu streiten!), Aufforderungen (z. B. Du gehst wie immer zur Schule! Die Rasenfläche nicht betreten!), Grüße (z. B. Schönen Sonntag!) , (irreale) Wünsche, (z. B. Hoffentlich mussten Sie nicht frieren! Hätte ich doch nur nicht so viel Arbeit!) Hoffnungen (Hoffentlich geht das gut!), Ausrufe (z. B. Das ist ja wirklich toll! So ein Mist! Vorsicht!) oder Anreden (z. B. Sehr geehrte Damen und Herren! Liebe Kollegen!) zählen zu dieser Kategorie.

1. Freistehende Zeilen
Auch in Überschriften oder Titeln (z. B. Rentenanpassung schon ab Dezember! Vorgezogene Wahlen in China?) kann ein Ausrufe- oder Fragezeichen stehen, aber kein Punkt.

2. Anrede in Briefen
Bei Anreden in Briefen kann auch ein Ausrufezeichen statt des regulären Kommas stehen, z. B.:

Sehr geehrte Frau Klein!   Sehr geehrte Frau Klein,
In Bezug auf Ihr Schreiben vom …   in Bezug auf Ihr Schreiben vom …

3. Aufforderungen und formelhafte Wendungen
Bei Bitten, Aufforderungen ohne besonderen Nachdruck oder formelhaften Wendungen steht in der Regel ein Punkt anstatt eines Ausrufezeichens, z. B. Reich mir doch mal das Salz. Bestell schon mal. Setzen Sie sich doch.

4. Bei untergeordneten Teilsätzen richtet sich das Schlusszeichen nach dem übergeordneten Teilsatz, z. B. Er fragte mich, wann er vorbeikommen solle. Tut nicht so, als ob ihr das nicht wüsstet! Ist denn schon bekannt, wer gegen wen spielt?

(V) **b** Hören Sie das Gespräch zwischen Frau Wald und Herrn May im Lehrbuch 6C, 1b, noch einmal und ergänzen Sie dann die
LB (●) 71   Satzschlusszeichen: Punkt, Fragezeichen oder Ausrufezeichen.

Hr. May: Ah, Frau Wald [1] _!_ Was verschafft mir die Ehre [2] .....

Fr. Wald: Ich weiß nicht, ob es eine Ehre ist, aber ich würde gern noch einmal in Ruhe mit Ihnen sprechen, wenn Sie einen Moment Zeit hätten [3] ..... Wenn Sie mögen, können wir zu mir gehen, da gibt es auch Kaffee und ein Stück selbst gebackenen Kuchen [4] .....

Hr. May: Eigentlich habe ich keine Zeit, aber bei dem Angebot …

Fr. Wald: Also, Herr May, ich meine, wir haben wirklich ein Problem [5] ..... Ich wollte doch noch mal fragen, wann Sie mit Ihrer Renovierung fertig sind [6] .....

Hr. May: Ich renoviere doch gar nicht mehr …

Fr. Wald: Moment, lassen sie mich mal ausreden [7] ..... Ich kann es wirklich bald nicht mehr aushalten. Sie wissen doch, dass ich Übersetzerin bin und wegen der Kinder zu Hause arbeite. Ich muss mich bei meiner Arbeit sehr konzentrieren und schnell arbeiten, weil es meistens um eilige Aufträge geht [8] .....

Hr. May: Ja, und [9] .....

Fr. Wald: Augenblick, ich bin noch nicht ganz fertig. Immer, wenn die Kinder im Bett sind, und ich mich an die Arbeit machen will, fängt bei Ihnen das Bohren und Hämmern an [10] .....

Hr. May: Jetzt übertreiben Sie aber [11] ..... Was heißt denn hier immer [12] .....

Fr. Wald: Immer heißt halt unheimlich oft, also sagen wir mal fast immer. (…) Das geht jetzt schon seit fast einem Jahr so [13] ..... Ich verstehe gar nicht, was Sie alles umbauen [14] ..... Oft wachen die Kinder von dem Lärm auf, und ich muss sie wieder beruhigen [15] ..... Wenn ich dann arbeiten will, ist dann wieder dieses Hämmern, Sägen und Bohren von nebenan [16] ..... Ich kann mich überhaupt nicht mehr konzentrieren und bin Ihretwegen schon im Verzug mit einem Auftrag [17] .....

Hr. May: Dafür kann ich doch nichts [18] ..... Außerdem renoviere ich doch gar nicht mehr, ich baue Kleinmöbel. Ich arbeite auch von zu Hause, um etwas Geld dazu zu verdienen [19] ..... Weil unser Betrieb in Schwierigkeiten ist, machen wir zurzeit Kurzarbeit, und ich bekomme weniger Geld [20] ..... Wenn ich nicht zusätzlich arbeite, kann ich die Wohnung nicht mehr abzahlen [21] ..... (…)

D Verhandeln statt streiten

1 Wortschatz: Konflikte am Arbeitsplatz

(W) Finden Sie im Zeitungskommentar im Lehrbuch 6 D, 1b, Umschreibungen zu den Nomen in der Tabelle. `LB: D1b`

Konfliktherd	Mitarbeiter	Vorgesetzter
	Kollege,	

2 Konflikte lösen – Redemittel

(V) **a** Lesen Sie im Lehrbuch 6 D, 2a, Ihre Reihenfolge bei der Konfliktbearbeitung noch einmal und formulieren Sie die Stichpunkte in Form von Vorschlägen im Konjunktiv II Passiv wie im Beispiel. Wählen Sie auch ein passendes Modalverb. `LB: D2a`

> Meiner Ansicht nach sollte/n ... als nächstes ... | Anschließend / Dann muss ... | Zum Schluss sollte/n ... |
> ~~Sinnvoll wäre es aus meiner Sicht, wenn ... zuerst einmal ...~~

1. *Sinnvoll wäre es aus meiner Sicht, wenn die Beteiligten zuerst einmal angehört werden würden.*

2. ....

3. ....

4. ....

(W) **b** Lesen und ergänzen Sie die Redemittel zum Thema „Verhandeln". Die Überschriften werden in 2c ergänzt. `LB: D2d`

> einleuchten | ~~einsehen~~ | einverstanden sein | gehen | haben | halten | klingen | können | können (Konj. II) |
> machen | recht haben | sein (2x) | sein (Konj. II) | vorschlagen | widersprechen

1

Standpunkt darlegen ....

a. Ich *sehe* nicht *ein*, dass ...
b. Ich .... auf keinen Fall ...,
   denn ...
c. Ich .... ein Problem damit,
   dass ...

2

....

a. Da muss ich ....
b. Das .... auf keinen Fall.

3

....

a. Das ...... keine Lösung.

4

....

a. Was .... Sie von
   folgender Lösung?
b. Ich .... , dass ...

5

a. Das ....
b. Da .... Sie ....
c. Das .... sehr gut.

6

....

a. Das .... eine gute
   Lösung.
b. Damit .... ich ....
c. Gut, dann .... wir es so.
d. Das ...... ein guter Vorschlag.
e. Das ...... ein Ausweg sein.

(W) **c** Ergänzen Sie Überschriften für die Redemittel in 2b.

> Lösung ablehnen | Lösung akzeptieren | Lösung vorschlagen | ~~Standpunkt darlegen~~ | widersprechen | zustimmen

6

E Gemeinsam sind wir stark

1 Die Bremer Stadtmusikanten – Märchen erzählen

(v) Lesen Sie den Tipp und schreiben Sie das Märchen mithilfe des Wortschatzes im Lehrbuch 6 E, 1, und der Angaben im Schüttelkasten in Ihr Heft. **LB: E1**

> Es war einmal … | Der lebte … und war… | Sein Plan war es, … | Unterwegs traf er … | Bald darauf begegnete ihnen … | Zu dritt …, als sie plötzlich … | Schließlich wanderten sie …, bis … | Um die Räuber zu vertreiben, … | Aus Angst vor … | Glücklich … bis ans Ende ihrer Tage.

> Märchen im Deutschen beginnen meistens mit: „Es war einmal…" oder „Vor langer Zeit …" und sind dann im Präteritum geschrieben. Die Sätze sind oft kurze Hauptsätze oder Satzverbindungen. Märchen enden z. B. mit: „Und wenn sie nicht gestorben sind, dann leben sie noch heute." oder „Und so lebten sie glücklich bis ans Ende ihrer Tage."

Es war einmal …

2 Jammern oder wünschen? – Irreale Wunschsätze

> Denken Sie daran, die Partikeln „doch / doch nur / doch bloß / nur / bloß" zu verwenden. Die irrealen Wunschsätze haben in der Regel ein Ausrufezeichen.

(v) **a** Variieren Sie die Ausrufe in folgenden Situationen sprachlich und verwenden Sie anstatt des Indikativs den Konjunktiv II in irrealen Wunschsätzen. **LB: E4 + AB: E1**

1. So ein Mist, ich muss zum Zahnarzt!   *Wenn ich doch bloß nicht zum Zahnarzt müsste!*

2. Schade, dass ich nichts von deiner Reise wusste.   *Hätte ich*

3. Er hat mich schon wieder vergessen.

4. Oh nein! Ich habe den Termin verpasst.

5. So ein Pech! Heute kam der Bus überpünktlich.

6. Warum darf ich mit 17 noch nicht Auto fahren?

(v) **b** Bilden Sie aus den Vorgaben irreale Wunschsätze zum Thema Deutschlernen. Denken Sie auch an die Partikeln.

1. *Wenn Deutsch bloß leichter wäre!*   (wenn – Deutsch – leichter – sein)

2.   (mein Deutsch – alle – verstehen – können)

3.   (besser – ich – mir – die Artikel – merken)

4.   (wenn – bei Höraufgaben – ich – keine Fehler haben)

3 So tun, als … / als ob … – Irreale Vergleichssätze

(w) **a** Ordnen Sie die Satzelemente zu und schreiben Sie irreale Vergleiche mit „als" und dem Konjunktiv II (Gegenwart und Vergangenheit) in Ihr Heft. **LB: E5 + AB: E2**

1. Das Waldhaus ist hell erleuchtet.	A. Sie haben vor nichts Angst.	1. [B]
2. Der Tisch ist reich gedeckt.	B. Dort wohnen Leute.	2. [ ]
3. Sie sehen wild und gefährlich aus.	C. Sie sind dem Teufel begegnet.	3. [ ]
4. Plötzlich erschrecken die Männer.	D. Es gibt kein Morgen mehr.	4. [ ]
5. Sie laufen so schnell davon.	E. Das sind reiche Leute.	5. [ ]
6. Die vier Musikanten sitzen am Tisch und essen.	F. Sie sind kleine Kinder.	6. [ ]

1. Das Waldhaus ist hell erleuchtet, als würden dort Leute wohnen.

(W) **b** Lesen Sie Ihre Sätze aus 3a noch einmal und formulieren Sie irreale Vergleiche mit „als ob" in Ihr Heft.

1. Das Waldhaus ist hell erleuchtet, als ob dort Leute wohnen würden. ....

4 Kritik formulieren – Redemittel

(V) Üben Sie scharfe Kritik, indem Sie die Imperative um einen irrealen Vergleich ergänzen.

1. Tu bloß nicht so, *als wüsstest du nichts davon!* .... (du – davon – wissen – nichts)

2. Benimm dich nicht, als ob .... ! (du – sein – meine Mutter)

3. Schaut nicht so überrascht, als .... ! (davon – ihr – noch nie – gehört)

4. Sprecht doch nicht miteinander, als ob .... ! (ihr – Feinde – sein)

5. Zieh dich doch nicht zur Party an, als .... ! (ins Theater – du – wollen – gehen)

5 Der Konjunktiv II und seine Verwendung – Ein Überblick

(V) In welchem Kontext wird der Konjunktiv II jeweils verwendet? Notieren Sie höfliche Bitte (B), Wunsch (W), irrealer Vergleich (iV), irrealer Wunsch (iW), irreale Bedingung (iB), Kritik (K) oder Rat/Empfehlung (R/E).

1. Ich hätte gern das Salz. $\boxed{W}$

2. Wenn er fleißiger wäre, hätte er bessere Noten. $\square$

3. Hätte er doch mehr Zeit ins Lernen investiert! $\square$

4. Man sollte nie „nie" sagen. $\square$

5. Benimm dich doch nicht, als wüsstest du von nichts! $\square$

6. Es wäre schön, wenn du heute bei mir vorbeikommen könntest. $\square$

7. Würdet ihr bitte zur Seite gehen? $\square$

8. Falls wir ihr begegnet wären, hätten wir ihr die Wahrheit sagen müssen. $\square$

9. An ihrer Stelle würde ich ohne seine Erlaubnis fahren. $\square$

10. Sie verhält sich so, als ob sie die Chefin wäre. $\square$

F Pro und Contra

1 Ich bin doch kein Kind mehr! – Redemittel: Pro- und Contra-Argumentation

(W) Notieren Sie die Antonyme zu den Redemitteln „Pro-Contra". **LB: F2b**

pro	contra
1. die einen befürworten …	*die anderen lehnen ab …*
2.	die anderen sind gegen …/dagegen, dass …
3. das Hauptargument für …/dafür ist …	
4.	gegen … spricht …
5. dafür spricht, dass …	
6.	ein (weiterer) Einwand ist …

55

A Wissen und Können

1 Auf spielerische Weise zu neuen Ideen kommen

(W)
LB (●) 73

Lesen Sie die Zusammenfassung des Interviews mit Artur Fischer und ergänzen Sie die unvollständigen Wörter. Hören Sie dann den Anfang des Interviews im Lehrbuch 7A, 3b, zur Kontrolle. LB: A3b ▶

Wie wird man eigentlich [1] Er*finder*............? Artur Fischer, der mit seinem 1966 [2] entw........................ „Fischertechnik-Baukasten" schon Kinder für die Tüftelei begeistern wollte, hat eine einfache Antwort auf die Frage. Zunächst muss man sich etwas [3] vors........................ können, was es so noch nicht gibt. Dann dauert es natürlich oft etwas länger, bis man die Idee [4] real........................ kann. Manchmal muss man aber auch nur mit offenen Augen durch die Welt gehen. Denn so begegnet einem auch durch Zufall ein [5] Mat........................, das vielleicht schon [6] verw........................ wird, aber das noch ganz andere Möglichkeiten besitzt, die nur noch entdeckt werden müssen.

2 Wortschatz: Wissen

(V) a Ergänzen Sie das Wortnetz „Wissen" mit den passenden Verben aus dem Schüttelkasten. Drei Verben passen nicht. LB: A4 ▶

ansammeln | austauschen | bekommen | einbringen | erzählen | erwerben | kennen | verloren gehen | vermitteln | vertiefen | wachsen

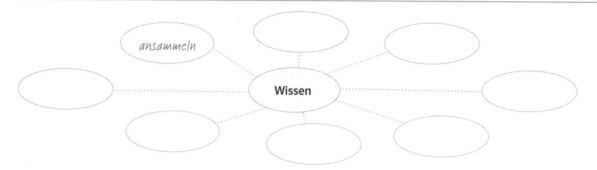

(V) b Lesen Sie die Aussagen und ergänzen Sie das passende Verb aus 2a.

1. Im Laufe unseres Lebens *sammelt*........... sich Wissen auf ganz unterschiedlichen Gebieten *an*........................

2. Einen großen Teil unseres Wissens .... wir während unserer Schulzeit.

3. Das Wissen ist während des letzten Jahrhunderts enorm ....

4. Wer sich mit einem Thema immer wieder beschäftigt, ... sein Wissen darüber.

5. Darüber, wie man Schülern Wissen am besten ...., gehen die Meinungen auseinander.

6. Wir suchen noch ein Mitglied, das sein Wissen über die Anfänge des Vereins ....

7. Sehr oft ist es hilfreich, sein Wissen mit anderen ....

8. Nicht jedes Wissen wird bewahrt, manches .... über die Jahrhunderte ....

3 „kennen" oder „wissen"?

(W) a Lesen Sie die Beispielsätze und ergänzen Sie die Regeln mit den Wörtern aus dem Schüttelkasten auf der nächsten Seite. AB: A2 ▶

1. Dianas Gedächtnis ist phänomenal. Sie kennt alle ihre wichtigen Passwörter.

2. Andy und ich kennen uns jetzt schon seit 40 Jahren.

1. Die Verben „kennen" und „wissen" werden in der .... teilweise synonym gebraucht.
2. Wenn das .... von aktivem Lernen oder .... des Gedächtnisses gemeint sind, ist meist das Verb „wissen" genauer.
3. Wenn man sagen möchte, dass jemand oder etwas einem nicht .... ist, verwendet man dagegen nur „kennen".

(w) **b** Lesen Sie die Sätze und überlegen Sie: Ist es möglich, „kennen" durch „wissen" zu ersetzen? Markieren Sie ja (J) oder nein (N).

1. Sag mal, kennst du die Zutaten für einen deutschen Butterkuchen? (J) (N)

2. Das Gesicht kommt mir bekannt vor. Ich glaube, ihn zu kennen. (J) (N)

3. Kennen Sie den neuesten Roman von Uwe Timm? (J) (N)

4. Ich will meinem Freund mal Aachen zeigen. Er kennt die Stadt gar nicht. (J) (N)

5. Kennst du die Antwort auf die Frage? (J) (N)

6. Das Zeichen für Kohlendioxyd kenne ich noch aus dem Chemieunterricht. (J) (N)

(w) **c** Formulieren Sie die Sätze, wo möglich, mit „wissen" neu.

1. Sag mal, weißt du die Zutaten für einen deutschen Butterkuchen?

....

....

....

....

B Was Tiere wissen

➊ Vorsicht Täuschung! – Modale Nebensätze

(v) **a** Lesen Sie die beiden Definitionen und entscheiden Sie danach, ob es sich bei den Sätzen unten um Mimikry (A) oder Mimese (B) handelt. LB: B 3 a

A

Der Begriff **Mimikry** bedeutet unter anderem, dass ungefährliche Tierarten oft wie gefährliche aussehen. Sie warnen damit mögliche Fressfeinde, sodass sie selbst seltener von ihnen gefressen werden.

B

Wenn sich ein Tier in seinem Aussehen in Farbe und Form seiner natürlichen Lebensumgebung so sehr anpasst, dass es von Fressfeinden überhaupt nicht gesehen wird, spricht man von **Mimese**.

1. Die Schwebfliege ist schwarz und gelb gestreift. Sie sieht wie eine Wespe aus. [A]

2. Eine Krake wechselt ihre Farbe bei Gefahr von blau nach beige. Sie ist vom Meeresboden nicht zu unterscheiden. [ ]

3. Ein Schmetterling namens Pfauenauge öffnet seine Flügel. Ein Muster in Form von zwei Augen wird sichtbar und erschreckt seine Verfolger. [ ]

4. Das „Wandelnde Blatt" bleibt still auf einer Pflanze sitzen. Das Insekt wird damit optisch zu einem Teil von ihr. [ ]

b Verbinden Sie die Sätze aus 1a jeweils mit „indem" oder „dadurch, dass".

1. *Dadurch, dass sie schwarz und gelb gestreift ist, sieht die Schwebfliege wie eine Wespe aus.*

2. ....

3. ....

4. ....

c Lesen Sie nun die Sätze aus 1a und setzen Sie die jeweilige Aussage fort, indem Sie die Verbindungsadverbien „damit" „dadurch" oder „so" verwenden.

1. *Die Schwebfliege ist ... gestreift. Dadurch sieht sie wie eine Wespe aus. / Sie sieht dadurch wie eine Wespe aus.*

2. ....

3. ....

4. ....

❷ Kommunikation im Tierreich – Modale Nebensätze und Angaben

a Ordnen Sie die Wörter mit modaler Bedeutung in die Tabelle ein. **LB: B3b**

auf diese Weise | dadurch | dadurch, dass | damit | durch | indem | mit | ohne | ohne dass | so | ohne … zu

Nebensatzkonnektor	Verbindungsadverb	Präposition
dadurch, dass;	auf diese Weise;	durch;

b Lesen Sie den Infotext aus einem Sachbuch und ergänzen Sie die Wörter aus 2a. Manchmal gibt es mehrere Lösungen.

Wie Tiere kommunizieren

Wie kann ein Tier mit seinen Artgenossen kommunizieren, [1] *ohne dass* es die Gabe zum Sprechen besitzt?

Forscher gehen schon länger der Frage nach, auf welche Weise Tiere sich ihrer Umwelt mitteilen. So viel ist klar –

sie tun es [2] .... optische, akustische und chemische Signale. Bereits 1913 entdeckte der Biologe

Karl von Frisch, dass sich Bienen gegenseitig über eine Futterquelle informieren, [3] .... sie einen

bestimmten Tanz aufführen. [4] .... ihren Bewegungen machen sie den anderen Bienen deutlich, wie

weit es bis zur Futterquelle ist. Zu den bekanntesten „Krachmachern" im Tierreich gehört die Klapperschlange.

Wenn sie sich für einen Angriff in die richtige Position bringt, schwingt sie ihr Schwanzende und produziert ein

lautes Rasseln. [5] .... irritiert sie ihr Opfer und kann [6] .... überraschend zuschnappen.

Was wäre eine Katze [7] .... ihre feine Nase? Sie nimmt Düfte [8] .... tausendmal besser

wahr als ihr menschlicher Mitbewohner. Der kann den Duftstoff nämlich gar nicht riechen, den die Katze an

seinen Hosenbeinen [9a] .... hinterlässt, [9b] .... sie mit ihrem Kopf daran vorbeistreicht.

[10] .... zeigt sie, dass ihr „Dosenöffner" nur ihr gehört und keiner anderen vierbeinigen Konkurrentin.

(V) c Lesen Sie den Infotext in 2b noch einmal und antworten Sie so kurz wie möglich. Verwenden Sie dabei eine modale Präposition aus 2a.

1. Wie zeigen Katzen, dass ihr/e Besitzer/in nur ihnen gehört?

   Durch einen Duftstoff.

2. Wie informieren sich Bienen gegenseitig über eine Futterquelle?

   ....

3. Wie irritiert eine Klapperschlange ihre Opfer?

   ....

(V) d Schreiben Sie nun vollständige Sätze als Antwort.

   1. *Katzen zeigen durch einen Duftstoff, dass ihr/e Besitzer/in nur ihnen gehört.* ....

   2. ....

   3. ....

C Wissen teilen

1 Wortschatz: Web 2.0

(W) a In der Wortschlange verstecken sich Begriffe aus dem Web 2.0. Notieren Sie sie. `LB: C1a`

Wiseikofonettelepathoblogtexchointergraphnagkirumbelogochat

1. *Wiki*　　2. ....　　3. ....　　4. ....　　5. ....

(V) b Lesen Sie die Definitionen. Welche beiden Begriffe aus 1a sind hier beschrieben?

> ❶ Web-Plattform, auf der Texte nicht nur gelesen, sondern auch direkt vom Nutzer geändert werden können. Oft ist das Ziel, Erfahrung und Wissen gemeinschaftlich zu nutzen. ....

> ❷ Ein auf einer Webseite geführtes Tagebuch oder Journal, das öffentlich mitgelesen werden kann. In diesem Medium hält eine Person oft Erlebnisse und Gedanken fest. ....

(V) c Ergänzen Sie die Wortkarten für die Nomen „Blog" und „Chat".

❶ r/s Blog, s	
Person m./w.:	*r Blogger, e Bloggerin*
Infinitiv:	
2. Pers. Sg.:	du ....
Perfekt:	du ....

❷ r Chat, s	
Person m./w.:	....
Infinitiv:	....
2. Pers. Sg.:	du ....
Perfekt:	du ....

2 Zahlenangaben in Grafiken und Schaubildern

(V) a Wie kann man die Prozentzahl anders ausdrücken? Schreiben Sie die Prozentzahlen wie im Beispiel. `AB: C2a`

5%	*ein Zwanzigstel*	*jeder Zwanzigste*	*5 von Hundert*
10%			
25%			
50%			

ⓥ b Formulieren Sie aus den Vorgaben Redemittel zur Grafikbeschreibung.

1. Titel – Schaubild – lauten: *Der Titel des Schaubilds lautet* ....

2. zeigen – Kreis- und Balkendiagramm – es: ....

3. 40 Prozent – betragen – Anteil – dieser: ....

4. zusammen – das – aller Lehrer – etwa – ausmachen – drei Viertel: ....

   ....

5. angeben – rund – Befragten – ein Viertel – dass: ....

ⓥ c Beschreiben Sie mithilfe der Redemittel 3 bis 5 aus 2b das Kreisdiagramm aus dem Schaubild.

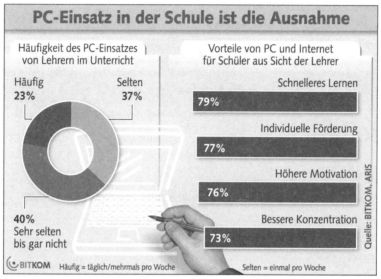

Der Titel des Schaubildes lautet „PC-Einsatz in der Schule ist die Ausnahme".
....
....
....
....

ⓥ d Welche Vorteile ergeben sich durch die Computernutzung in der Schule? Schreiben Sie 4 Sätze zum Balkendiagramm.

1. *Durch die Nutzung von Computern im Unterricht lernen Schüler schneller.*

2. ....

3. ....

4. ....

ⓥ e Welches Fazit können Sie aus den beiden Teilen des Schaubilds ziehen? Die Redemittel können Ihnen dabei helfen.

> Der größte Teil der Lehrer ist davon überzeugt, dass … | Doch die Wirklichkeit sieht oft ganz anders aus: … |
> Ein Grund dafür könnte sein, dass … | Aber es könnte auch daran liegen, dass …

Aus dem Schaubild kann man folgendes Fazit ziehen: ....
....
....
....

3 Richtig schreiben: Groß- und Kleinschreibung von Zahlen

(E) Lesen Sie den Tipp und schreiben Sie die Zahl als Wort aus.

1. Als wir den Hund bekamen, war er erst 3 *drei* _____ .

2. Lisa hat in Mathe eine 2 _____ geschrieben.

3. Trotz Tempolimit fuhr er schneller als 30 _____ .

4. Sie hat schon wieder eine 6 _____ gewürfelt.

5. 1/3 _____ der Lehrer arbeitet selten im Unterricht mit dem Computer.

6. In Deutschland verfügt jeder 2. _____ Haushalt über eine schnelle Internetverbindung.

7. Bei der Mathe-Olympiade wurde sie 3. _____ .

> Wenn die Grundzahlen eine Ziffer bezeichnen und als Nomen gebraucht werden, schreibt man sie groß. Sonst werden die Grundzahlen unter einer Million klein geschrieben.
> Ordnungs- und Bruchzahlen, die man als Nomen gebraucht, schreibt man ebenfalls groß.

D Das möchte ich können

1 Was „können" alles bedeutet

(W) Lesen Sie die Aussagen und kreuzen Sie an, welche Bedeutung jeweils gemeint ist. **LB: D1a**

1. An Sonntagen können Sie jemanden auf Ihrem Jobticket mitfahren lassen. ☐ Gelegenheit ☐ Berechtigung

2. Du musst ausziehen? Aber so einfach können sie dir nicht kündigen. ☐ Berechtigung ☐ Fähigkeit

3. Ich fahre zum Bahnhof. Da kann ich für dich mal nach der Zeitschrift schauen. ☐ Fähigkeit ☐ Gelegenheit

4. Du hast nach drei Wochen noch immer keine Antwort. Das kann doch nicht so lange dauern. ☐ Erlaubnis ☐ Möglichkeit

5. Versuch du mal, das Marmeladenglas zu öffnen. Ich kann's nicht. ☐ Fähigkeit ☐ Gelegenheit

6. Gib nicht auf! Du kannst das schaffen. ☐ Erlaubnis ☐ Fähigkeit

2 Eine Schule für alle – Andere Formulierungen für Modalverben

(V) a Lesen Sie den Artikel und markieren Sie die Ausdrücke, die durch Modalverben ersetzt werden können. **AB: D2**

Eine Schule für alle

[1] Den weiterführenden Schulen in Deutschland stehen große Veränderungen bevor. [2] Sie haben den Auftrag, Kinder mit einer körperlichen oder geistigen Behinderung aufzunehmen und gemeinsam mit den anderen Schülern zu unterrichten. [3] Bisher hatten behinderte Kinder nicht die Möglichkeit, ein normales Gymnasium oder eine andere weiterführende Schule zu besuchen. [4] Sie waren gezwungen, auf eine sogenannte Sonder- oder Förderschule zu gehen. [5] In vielen Bundesländern sind die Eltern von Kindern mit Handicaps nicht mehr bereit, diesen Zustand länger zu akzeptieren. [6] Einige Schulen haben zwar die Absicht, auch solche Schüler aufzunehmen, doch besteht oft die Notwendigkeit, die Gebäude für körperbehinderte Schüler umzubauen. [7] Dort, wo diese Baumaßnahmen abgeschlossen sind, hat die Öffentlichkeit schon jetzt die Gelegenheit, sich selbst ein Bild von dem gemeinsamen Lernen zu machen.

(V) b Tragen Sie die markierten Ausdrücke im Infinitiv in die Tabelle ein.

können	wollen	müssen	sollen
			den Auftrag haben etw. zu tun,

7

c Formulieren Sie die Sätze mit den Markierungen aus 2a um und benutzen Sie dabei das entsprechende Modalverb aus 2b. Schreiben Sie die Sätze in Ihr Heft.

2. Sie sollen Kinder mit einer körperlichen oder geistigen Behinderung aufnehmen und … unterrichten.

3 Nur nicht auf den letzten Drücker! – Finalsätze mit „damit" und „um … zu"

a Lesen Sie etwas über Martins Erfahrungen mit seiner Hausarbeit für die Uni. Ordnen Sie die Sätze im Schüttelkasten zu und formulieren Sie mit den Vorgaben unten Nebensätze mit „damit". **AB: D4**

Martin hat seine Hausarbeit flott heruntergeschrieben. Als er sie mit einer schlechten Note zurückbekommt, beschließt er, es das nächste Mal anders zu machen.

> Er kann neue Ideen entwickeln. | Die Arbeit überzeugt am Ende alle. | Er findet alle Rechtschreibfehler. | Er kann gründlicher recherchieren. | Alle Formalien werden eingehalten.

> Manchmal brauchen „damit"-Sätze das Modalverb „können", z. B. Er nimmt sich mehr Zeit, damit er neue Ideen entwickeln kann. So betont man, dass das Ziel nur dadurch – hier: mit mehr Zeit – erreicht werden kann.

1. Er nimmt sich mehr Zeit, *damit er neue Ideen entwickeln kann.*
2. Er beginnt rechtzeitig,
3. Er lässt sich Zeit,
4. Er vermeidet Zeitdruck,
5. Er arbeitet also sehr sorgfältig,

b Welche Nebensätze in 3a können auch mit „um … zu" formuliert werden? Lesen Sie die Regel im Lehrbuch 7D, 3b, noch einmal und notieren Sie dann die Sätze. **LB: D3b**

Er nimmt sich mehr Zeit, um neue Ideen zu entwickeln.

4 Das Referat – Finale Angaben

a Martin soll ein Referat halten. Deshalb hat er notiert, was er noch verbessern will. Lesen Sie seine Notizen und ergänzen Sie die passenden Nomen mit den Nachsilben „-heit" und „-ung". **LB: D4**

– Sprache muss angemessen sein
– wichtige Informationen visualisieren
– im freien Sprechen sicherer werden
– Nervosität bekämpfen

1. die sprachliche *Angemessenheit*
2. die _____ wichtiger Informationen
3. mehr _____ im freien Sprechen
4. die _____ seiner Nervosität

Wozu macht man etwas?
Was ist der Zweck? → zu
Was will man damit erreichen?
Was ist das Ziel? → für

b Lesen Sie den Tipp und erweitern Sie die Sätze 1 bis 4 jeweils durch eine finale Angabe. Verwenden Sie dafür die jeweilige Wortgruppe aus 4a und die Präpositionen „für" oder „zur".

1. Er benutzt die erforderlichen Fachausdrücke. → *Für die sprachliche Angemessenheit benutzt er die erforderlichen Fachausdrücke.*
2. Er beschafft sich einige wirkungsvolle Schaubilder. →
3. Er lernt wichtige Teile des Referats auswendig. →
4. Er übt den Vortrag mehrmals zu Hause. →

E Klug, klüger, am klügsten

① Wortschatz: Fachbegriffe

(W) Sortieren Sie die Wörter und schreiben Sie sie mit dem Artikel in die Tabelle. Manchmal gibt es mehrere Lösungen. **LB: E1**

Befund | Doktorand | Hirnareal | Hirnreaktion | Hörzentrum | Kontrollgruppe | Max-Planck-Institut |
Neurologe | Pädagogin | Psychologin | Studie | Synapse | Untersuchung | Verknüpfung | Versuch

Wissenschaftler	Forschung	Gehirn
	der Befund,	

② Stellung nehmen – Redemittel

(W) Lesen Sie die Redemittel für die Stellungnahme und notieren Sie die Überschrift. **LB: E2c**

Beispiele anführen | Besonderheiten hervorheben | den Text bewerten | Kritisches anmerken

1. den Text bewerten

Das Thema des Artikels halte ich für …
Ich finde diesen Artikel …, weil …

3. ....

Besonders bemerkenswert finde ich, dass …
Besonders interessant ist für mich …

2. ....

In einem Punkt kann ich dem Autor nicht folgen:
Hier habe ich Zweifel: …

4. ....

Dies will ich mit folgendem Beispiel verdeutlichen: …
Ein gutes Beispiel hierfür ist …

F Lernwege

① Verknüpfte Wörter – Nomen-Verb-Verbindungen

(V) Welche Verben gehören zu welchem Nomen? Notieren Sie – „machen" und „haben" passen mehrmals. **LB: F3a**

abbauen | aufklären | aushalten | begehen | beheben | erlangen | einsehen | entwickeln | erreichen |
haben | machen | unternehmen | verlieren | verfolgen

1. den Irrtum   aufklären, einsehen

2. Ziele   ....

3. den Versuch   ....

4. die Idee   ....

5. Stress   ....

6. Gewissheit   ....

7. Fehler   ....

8. die Motivation   ....

A Gesundheit

1 Wortschatz: Gesundheit und Krankheit

(w) **a** Welche Synonyme oder Erklärungen passen zu den Ausdrücken? Kreuzen Sie an. `LB: A2a`

1. die Übelkeit **a** die Krankheit **b** das Unwohlsein

2. die psychische Verfassung **a** die psychische Lage **b** die psychische Struktur

3. das Befinden **a** der gesundheitliche Zustand **b** die Diagnose

4. die Ausgeglichenheit **a** das Gleichgewicht **b** die innere Ruhe

5. die Erschöpfung **a** die Kreativität **b** die Übermüdung

6. die soziale Einbindung **a** die soziale Integration **b** die gesellschaftlichen Zwänge

(w) **b** Lesen Sie den Infotext zum Thema „Kopfschmerzen" und ergänzen Sie die passenden Wörter. Achten Sie bei Adjektiven auf die Endungen. `AB: A1`

> chronisch | Diagnose | empfindlich | heftig | Lebensstil | Medikamente | permanent | schmerzhaft |
> schmerzfrei | ~~schmerzstillend~~ | Übelkeit

Für zwei von drei Deutschen sind Kopfschmerzen eine alltägliche Erfahrung. Zuviel Stress, der Alkohol am Abend davor, drückendes Wetter – schon geht es los. Zum Glück gibt es [1] *schmerzstillende* Medikamente! Aber die Folgen solcher [2]..................... Attacken sollten nicht unterschätzt werden: In der EU verursachen sie pro Jahr 20 Milliarden Euro an Kosten, zum Beispiel für Therapien, [3]....................., aber auch durch Krankschreibungen am Arbeitsplatz. Werden Kopfschmerzen nicht richtig behandelt, können sie sogar [4]..................... werden, dann wird das Leben zur Schmerzhölle. Wichtig ist zuerst, dass der Arzt die richtige [5]..................... stellt, denn es gibt unterschiedliche Arten von Kopfschmerzen. Man unterscheidet die drückenden Spannungskopfschmerzen von der [6]..................... klopfenden Migräne, die oft von [7]..................... begleitet wird. Wer aber regelmäßig an mehr als zehn Tagen pro Monat Schmerzmittel nimmt, riskiert, dass sich das Gehirn daran gewöhnt. Die Folge: Das Gehirn wird immer [8]..................... für Schmerzreize und der Schmerz wird noch schlimmer. Was können wir selbst für ein [9]..................... Leben tun? Die Experten sind sich einig: Unser modernes Leben mit zu wenig Schlaf, viel Hektik und vielen Medienreizen durch Internet, Fernsehen, Handys etc. versetzt unser Gehirn [10]..................... in Stress. Dadurch wird unser natürliches Abwehrsystem gegen Schmerzen schwächer, auch schon bei Kindern. Aber unser Gehirn braucht Pausen. Ein ruhigerer, regelmäßiger [11]..................... ist also die erste Maßnahme, um den Schmerz in den Griff zu bekommen.

B Gesundheitswahn

1 Was macht uns gesund? – Antonyme

(w) **a** Notieren Sie zu den Ausdrücken die Antonyme im Artikel im Lehrbuch B, 1b. `LB: B1b`

1. verschlechtern: *verbessern (Zeile 7)*
2. verringern: ....
3. nützlich: ....
4. widerlegt: ....
5. etw. gut / richtig finden: ....
6. verringern: ....
7. erhöhen: ....
8. einseitig: ....

(v) **b** Medikamente nehmen und verabreichen: Ordnen Sie die Bezeichnungen den Bildern zu.

Infusion | Pulver | Saft | Salbe | Spritze | Tabletten | Tropfen | Zäpfchen

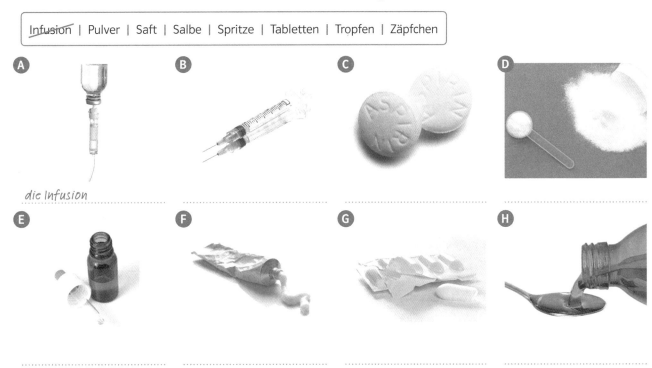

A

die Infusion

B

C

D

E

F

G

H

....

❷ Die Generation 80 plus – Alternative Konjunktionen und Präpositionen

(w) **a** Lesen Sie den Tipp unten und die Tabelle im Lehrbuch 8 B, 2 b. Notieren Sie zuerst, ob es sich bei den Angaben in Klammern um einen Nebensatzkonnektor (NK), ein Verbindungsadverb (VA), eine Präposition (P) oder einen zweiteiligen Konnektor (ZK) handelt. **LB: B 2 b – c + AB: B 2**

1. Viele alte Menschen wollen nicht nur zu Hause im Sessel sitzen. Sie wollen noch nützlich sein. (anstatt: _NK_)

2. Monotone Tage vor dem Fernseher tun ihnen nicht gut. Das Engagement in der Gesellschaft hilft ihnen. (stattdessen: .....)

3. Viele Alte klagen nicht über die moderne Welt. Sie versuchen, offen und optimistisch zu sein. (statt dass: .....)

4. Wir brauchen kein Mitleid mit den scheinbar schwachen Alten. Wir brauchen mehr Modelle für Aktivität im Alter. (anstelle: .....)

5. Man fördert seine Leistungsfähigkeit. Man verliert sie. (entweder – oder: .....)

6. Manche Senioren machen Fastenkuren. Besser für die eigene Fitness wären eine ausgewogene Ernährung und viel Bewegung. (statt: .....)

(w) **b** Lesen Sie den Tipp und verbinden Sie die Sätze aus 2 a mit den Konnektoren und Präpositionen in Klammern.

1. *Viele alte Menschen wollen noch nützlich sein, anstatt nur zu Hause im Sessel zu sitzen.*

2. ....

3. ....

4. ....

5. ....

6. ....

> „anstelle von" + D. mit wird manchmal in der gesprochenen Sprache statt „anstelle" + G. verwendet. Verwendet man das Bezugswort ohne Artikel, nimmt man stets die Form mit „von", z. B. Anstelle von Blumen schenken wir einen Gutschein.

c Welche Vorsätze für Ihre Gesundheit haben Sie? Ordnen Sie die Satzteile zu und bilden Sie Sätze. Verwenden Sie dabei die Konnektoren und Präpositionen aus 2a.

1. nicht stundenlang am Computer sitzen		A. mich vernünftiger verhalten	1.	B
2. nicht mehr so wenig schlafen		B. neue Freizeitaktivitäten suchen	2.	
3. zu viel Fastfood		C. mich mehr bewegen	3.	
4. nicht so wenig Sport treiben		D. mehr Obst und Gemüse essen	4.	
5. beim Ausgehen nicht so viel Alkohol trinken		E. sich mehr Ruhepausen gönnen	5.	

1. *Anstatt stundenlang am Computer zu sitzen, will ich neue Freizeitaktivitäten suchen.*

2. ....

3. ....

4. ....

5. ....

3 Ideal und Wirklichkeit – Adversative Konnektoren

a Lesen Sie den Tagebucheintrag und markieren Sie die Konnektoren, die Gegensätze ausdrücken. Ordnen Sie sie dann in die Tabelle ein. LB: B2b–c + AB: B3

Liebes Tagebuch,
ich bin wieder total unzufrieden mit mir. Ich sollte echt mehr für meine Gesundheit tun, aber meistens vernachlässige ich sie. Während sogar meine Großeltern (!) Sport treiben, kann ich mich abends einfach zu nichts mehr motivieren. Entgegen meinem Vorsatz, Judo zu lernen, habe ich mich immer noch nicht zu einem Kurs angemeldet. Außerdem gehe ich nicht regelmäßig zum Zahnarzt, sondern ich warte jedes Mal, bis ich Schmerzen habe. Mehr Vitamine wären auch gut, ich hab' jedoch ständig diesen Appetit auf Süßes ... Und es soll ja so gesund sein, zwei Liter Wasser am Tag zu trinken, dagegen trinke ich fast nur Kaffee. Im Gegensatz zu all den „Fitnesswundern" in meiner Umgebung fühle ich mich formlos wie ein Sofakissen!

Nebensatzkonnektor	Konjunktion	Verbindungsadverb	Präposition
	aber,		

b Ulf ist extrem fit, aber seine unsportlichen Freunde finden, dass er übertreibt. Schreiben Sie Sätze mit den vorgegebenen Konnektoren. Die Tabelle in 3a kann Ihnen helfen.

Ulf
1. geht jeden Morgen joggen
2. isst zum Frühstück Müsli
3. ist schlank und athletisch
4. achtet auf genug Schlaf
5. hat den Plan, seine Freunde zu motivieren
6. ist manchmal etwas hektisch

Seine Freunde
schlafen lieber lang
bevorzugen Eier, Wurst und Kuchen
bekommen langsam einen Bauch
sitzen gerne lange in der Kneipe
wollen ihr Leben nicht verändern
sind gemütliche Menschen

1. (dagegen) *Ulf geht jeden Morgen joggen, seine Freunde dagegen schlafen lieber lang.*

2. (während) ....

3. (jedoch) ....

4. (im Gegensatz zu + Relativsatz) ....

5. (entgegen) ....

6. (aber) ....

4 Gesundheitsmythen: früher und heute – Die Betonung von Gegensätzen

(W) Lesen Sie noch einmal die Regeln im Arbeitsbuch 8 B, 3 a. Schreiben Sie Sätze mit den Gegensatzpaaren: einmal neutral und einmal mit besonderer Betonung in Ihr Heft. Benutzen Sie dabei abwechselnd die Konnektoren aber / doch / jedoch / dagegen. **LB: B 3 a**

1. Lange Zeit: Man dachte, dass viel Fleisch gesund ist. ↔ Heute: Man versucht, den Fleischkonsum zu reduzieren.
2. Noch bis vor Kurzem: Zum Abnehmen wurden 5 Mahlzeiten pro Tag empfohlen. ↔ Seit Neuestem: 3 Mahlzeiten gelten als besser.
3. Früher: Experten rieten zu fettarmer Ernährung. ↔ Jetzt: Man weiß, dass der Körper bestimmte Fettarten braucht.
4. Viele Jahre lang: Sportmediziner glaubten, dass nur intensives Training nützt. ↔ Mittlerweile: Studien haben gezeigt, dass jede Art von Bewegung hilft.
5. Früher: Ärzte verordneten nach Operationen Bettruhe. ↔ Seit einigen Jahren: Patienten sollen nach Operation möglichst schnell wieder aktiv sein.

1. Lange Zeit dachte man, dass viel Fleisch gesund ist. Aber heute versucht man, den Fleischkonsum zu reduzieren. /
Lange Zeit dachte man, dass viel Fleisch gesund ist. Heute aber versucht man, den Fleischkonsum zu reduzieren.

C Arzt und Patient

1 Der „gute" Arzt und der „gute" Patient

(W) **a** Lesen Sie den Kommentar im Lehrbuch 8 C, 1 c, noch einmal. Ergänzen Sie dann die fehlenden Buchstaben und die Artikel der Wörter. **LB: C 1 c**

1. l a p id a r
2. der S _ z _ _ i _ t
3. S _ _ w _ c _ p _ _ k
4. _ _ _ U _ te _ uch _ _ g
5. ein _ _ lbi _
6. s _ h ü _ _ _ _
7. r _ ts _ _
8. _ _ _ E _ n _ t _ llu _ _ _
9. schw _ _ w _ e _ _ nd

(V) **b** Ordnen Sie die Körperteile und Organe den richtigen Stellen der Abbildung zu. **LB: C 2**

> Blinddarm | Bronchien | Dickdarm | Dünndarm | Herz | Leber | Magen | ~~Lunge~~ | Speiseröhre

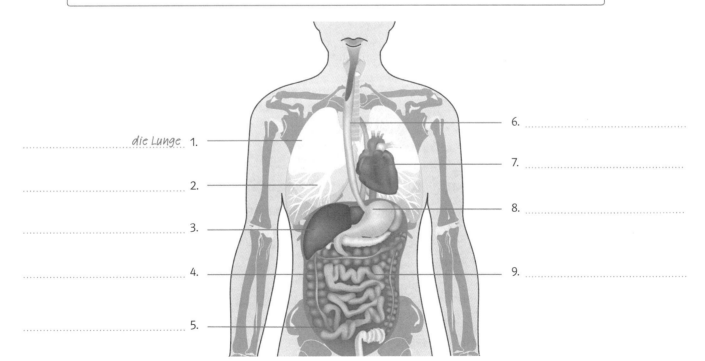

die Lunge 1. ....

2. ....

3. ....

4. ....

5. ....

6. ....

7. ....

8. ....

9. ....

2 Was redet der Arzt da? – Redemittel

(W) **a** Hören Sie noch einmal die Arzt-Patienten-Gespräche im Lehrbuch 8 C, 2a. Korrigieren Sie die Fehler in den Sätzen. **LB: C2a**

LB 82–83

1. Wie läuft's bei Ihnen heute? *Und wie geht's Ihnen heute?*

2. Der Operationsbestand sieht gut aus.

3. Wie verkraften Sie denn die Medikamente?

4. Ich verspreche Ihnen ein schmerzlinderndes Mittel.

5. Sind das abhaltende Schmerzen oder gehen sie von allein wieder weg?

6. Falls Sie in den kommenden Wochen keine Bestellung feststellen, dann rufen Sie mich an!

(W) **b** Lesen Sie noch einmal die Redemittel im Lehrbuch 8 C, 3, und im Arbeitsbuch 8 C, 2. Notieren Sie passende Fragen des Arztes zu den Antworten des Patienten. **LB: C3 + AB: C2**

1. ■ *Welche Beschwerden haben Sie? / Was führt Sie zu mir?* □ Also, eigentlich fühle ich mich gesund, aber beim Joggen habe ich starke Knieschmerzen.

2. ■ ....? □ Vor etwa drei Wochen.

3. ■ ....? □ Nein, das habe ich zum ersten Mal.

4. ■ ....? □ Die Schmerzen sind schon sehr stark, manchmal muss ich das Joggen abbrechen.

5. ■ ....? □ Ich hab' mal ein Kühlkissen aufgelegt, aber das hat nichts gebracht.

6. ■ ....? □ Bei der Arbeit und im Alltag spüre ich nichts.

7. ■ ....? □ Ich glaube, vor zwei Jahren. Aber geht es nicht auch ohne diese ganzen Röntgenstrahlen?

D Alternative Heilmethoden

1 Wortschatz: Naturheilverfahren

(W) Was für ein Durcheinander! Setzen Sie die Nomen wieder richtig zusammen und ergänzen Sie ggf. den Artikel. Arbeiten Sie, wenn nötig, mit einem Wörterbuch. **LB: D1a**

Akuveda | Aromalogie | Autogenes | Ayurtherapie | Farbpathie | Fußreflexzonentherapie | Kinesiomassage | Osteopunktur | Training

Ayurveda, ...

2 Richtig schreiben: „th" und „ph" in internationalen Wörtern

(E) **a** Lesen Sie zunächst die Regel und ergänzen Sie, wo nötig, ein „h". Arbeiten Sie ggf. mit einem Wörterbuch.

Bei Wörtern mit griechischer Wortwurzel gibt es im Deutschen für den t-Laut oft die Schreibweise „th", z. B. in „Therapie" und „Pathologie".

1. die Mat _h_ ematik
2. die T _ echnik
3. das T _ abu
4. die Apot _ eke
5. die T _ endenz
6. der Rhyt _ mus
7. das T _ ema
8. der T _ yp
9. das T _ empo
10. die T _ eorie
11. das T _ ermometer
12. die Homöopat _ ie

(E) b Lesen Sie die Regeln. Entscheiden Sie dann, ob „ph" oder „f" in den Lücken stehen muss. Arbeiten Sie, wenn nötig, mit einem Wörterbuch.

> Die Schreibweise „ph" ist ebenfalls typisch für Wörter mit altgriechischer Wurzel, sie entspricht dem f-Laut. Beispiele: „Physiologie" und „Phase". Bei manchen dieser Wörter hat sich die modernere Schreibweise mit „f" durchgesetzt, z. B. „Fotografie" oder „Fantasie". Besonders Wörter aus dem Bereich der Wissenschaft behalten jedoch die Schreibweise mit „ph".

1. die _Ph_ iloso _ph_ ie
2. das _____ ieber
3. der _____ okus
4. die _____ ysik
5. die _____ olie

6. die _____ onetik
7. die _____ igur
8. die _____ unktion
9. das _____ antom
10. _____ atal

11. _____ armazeutisch
12. das _____ undament
13. die _____ orderung
14. das _____ änomen
15. die _____ astenkur

③ Was folgt daraus? – Konsekutivsätze

(W) a Lesen Sie noch einmal die Regeln im Lehrbuch 8 D, 3 c, und im Arbeitsbuch, 8 D, 1a. Ordnen Sie die Sätze nach dem Prinzip von Ursache und Folge zu. `LB: D3c + AB: D1a`

1. Im EU-Vergleich gehen die Deutschen oft zum Arzt.

2. In den Medien wird oft die Wichtigkeit von Gesundheitsvorsorge betont.

3. Viele gehen sogar wegen einer einfachen Erkältung zum Hausarzt.

4. Manche Senioren haben außer dem Arzt wenig soziale Kontakte.

5. Gleichzeitig wollen nur wenige junge Ärzte aufs Land ziehen.

A. Ältere Menschen ohne Auto haben keine gute medizinische Versorgung mehr.   1. [B]

B. Für das deutsche Gesundheitssystem entstehen hohe Kosten.   2. [ ]

C. Der Arzt wird für sie manchmal eine wichtige Bezugsperson.   3. [ ]

D. Manche Ärzte haben zu wenig Zeit für die schweren Fälle übrig.   4. [ ]

E. Es ist nicht erstaunlich, dass viele Menschen so häufig beim Arzt Rat suchen.   5. [ ]

(W) b Formulieren Sie nun Sätze aus 3a mit konsekutiven Konnektoren. Verwenden Sie jeden Konnektor einmal. Achten Sie dabei auf den richtigen Satzbau.

> also | folglich | ~~sodass~~ | so … dass | somit

1. *Im EU-Vergleich gehen die Deutschen oft zum Arzt, sodass für das deutsche Gesundheitssystem hohe Kosten entstehen.*

2. ....

3. ....

4. ....

5. ....

4 Yoga-Boom – Alternativ-, Adversativ- und Konsekutivsätze

(v) a Lesen Sie den Artikel und ergänzen Sie den jeweils passenden Konnektor. **LB: D3 + AB: D1**

> Verbindungsadverbien können auch nach dem Verb in der Satzmitte stehen. Dadurch entsteht mehr Variation im Satzbau.

aber | also | dagegen | folglich | infolge | jedoch | sondern | stattdessen

Millionen von Deutschen besuchen Yogakurse und berichten von den positiven Effekten der traditionellen Bewegungsform. [1] _Aber_ (_AD_) es gibt auch Skeptiker, die darin nur einen modischen Trend sehen. Auch die Medien beteiligen sich lebhaft an der Pro- und Contra-Debatte über Yoga. Es überrascht [2] .... (.......) nicht, dass sich jetzt auch die Wissenschaftler für das Thema interessieren. Die Forscher sammeln nicht einfach subjektive Erfahrungsberichte, [3] .... (.......) wollen mit harten Daten die Wirkungen auf den Organismus messen: Objektive Werte wie Blutdruck, Puls, Muskelspannung und Atemfrequenz sind für sie [4] .... (.......) besonders interessant. Stimmungseindrücke wie „innere Ruhe" oder „Tiefenentspannung" lassen sich [5] .... (.......) nur schwer experimentell belegen.
Die Daten zeigen, dass Yoga auf das vegetative Nervensystem wirkt, das für die Stress-Regulation im Körper sorgt. [6] .... (.......) dieser Wirkung

fühlt man sich nach einer Yogastunde so entspannt. Diese Wirkung ist [7] .... (.......) nicht nur kurzfristig: Bei regelmäßig Übenden ist sie sogar mehrere Tage lang feststellbar! Die meditativen Anteile von Yoga sorgen auch für bessere Konzentration und Ausgeglichenheit. Bevorzugt man [8] .... (.......) klassische Fitness-Sportarten wie Joggen, hat man leider keinen so starken psychischen Effekt.

(v) b Warum passt der Konnektor? Notieren Sie in 4a, ob zwischen den Sätzen eine alternative (AL), adversative (AD) oder konsekutive (KO) Beziehung besteht.

E Ausgebrannt: Was die Seele krank macht

1 Wortschatz: Burnout und moderner Lebensstil

(w) Lesen Sie den Artikel im Lehrbuch, 8 E, 1b, noch einmal. Welche Wörter aus dem Text werden definiert? **LB: E1b**

1. Eine Definition von _Arbeitspotenzial_ wäre die vorhandene Kraft bzw. Fähigkeit, im Beruf etwas zu leisten.

2. Mit dem Ausdruck .... sind die nahestehenden Mitmenschen einer Person gemeint.

3. Ein .... ist das sichtbare Zeichen einer Krankheit oder eines schlechten Zustands.

4. Von einer .... spricht man, wenn das gewohnte Niveau der Arbeit nicht mehr erreicht wird.

5. Ein .... wird definiert als wichtiger Umstand oder wichtige Ursache.

6. Der Begriff .... bedeutet, dass im Beruf in immer kürzerer Zeit immer mehr geleistet werden muss.

7. Unter .... versteht man einen Zustand von psychischer Unausgeglichenheit.

2 Ein kontroverses Thema: Kann frühes Aufstehen ungesund sein?

(v) Bilden Sie Sätze aus den einzelnen Elementen.

1. um 8.00 Uhr – die meisten Deutschen – schon – müssen – ihren Arbeitstag beginnen – auch im dunklen Winter

   Auch im dunklen Winter müssen die meisten Deutschen schon um 8.00 Uhr ihren Arbeitstag beginnen.

2. ist – in Deutschland – das möglichst frühe Aufstehen – ein gesellschaftliches Ideal / während – viele Angestellte – gehen – zur Arbeit – erst eine Stunde später – in anderen Ländern

3. glauben – manche Autoren / dass – eine Ursache – liegt – einer strengen protestantischen Arbeitsmoral – in der Tradition

4. haben – besonders junge Leute – einen speziellen Biorhythmus – zwischen 15 und 25 Jahren / zu wenig Schlaf – sodass – bekommen – während der Woche – oft – sie

5. dauerhaft – die (Relativpr.) – zu wenig schlafen – Menschen / öfter – greifen – Alkohol und Zigaretten – zu

6. später anzufangen – wäre – es – möglich – in vielen Institutionen und Firmen / müsste – zuerst – ändern – die gesellschaftliche Haltung – doch – sich

F Lachen ist gesund

1 Beim Arzt wird gereimt!

(v) Ergänzen Sie die Nonsens-Verse mit Wörtern aus der Lektion, achten Sie dabei auf passende Reime. **LB: F2a**

1. Frau Kempf hat *Schmerzen*, und zwar am Herzen.

2. Herr Kuhn hat einen inner'n Schweinhund, ansonsten ist er aber ganz ....

3. Frau Damm lebt einfach und ganz pur, bei Heilmethoden schätzt sie die ....

4. Sabine hat seit ein paar Tagen ein seltsames Gefühl im ....

5. Der kleine Tim hat eine gelbe Zunge und komische Geräusche in der ....

6. Herr Koch hält wirklich nichts von ...., da wird ihm übel, und zwar sofort!

7. Frau Gundlach soll gesünder ...., doch bei Hunger hat sie das schnell vergessen.

8. Professor Thies hat eine Schnupfen-Phase und schnäuzt sich 100 Mal am Tag die ....

9. Sebastian hat ein kaputtes ...., verzichtet auf das Joggen jedoch nie.

10. Doktor Reuß weiß stets ein gutes ...., dafür hat er ja den Doktortitel!

A Gefühle

1 Über den Wolken – Nomen von Adjektiven

(w) a Wie heißen die Nomen zu den Adjektiven? **LB: A1b**

1. verlegen: *die Verlegenheit*

2. freundlich: ....

3. vertrauensvoll: ....

4. vorsichtig: ....

5. attraktiv: ....

6. verschämt: ....

7. versehentlich: ....

8. schmerzhaft: ....

(w) b Lesen Sie die Anekdote und ergänzen Sie die Adjektive aus 1a.

Sie war mir bereits im Bus-Transfer zum Flugzeug aufgefallen. Sie sah sehr [1] *attraktiv* aus und schien aus Mittelamerika zu stammen. [2] .... gelächelt hatte sie auch, als sie gefragt hatte, ob der Platz neben mir noch frei wäre. Während sich das Flugzeug langsam füllte, lehnte sie sich zu mir herüber, um mir eine Maschine aus ihrem Heimatland zu zeigen. Dabei berührte sie [3] .... meine Schulter und entschuldigte sich direkt dafür. Etwas [4] .... rückte ich in meinem Sitz auf die Seite. Sie erzählte, sie käme aus Kalifornien und würde jetzt hier in Hamburg leben und arbeiten. Als ich erwiderte, dass auch ich einige Semester in Hamburg studiert hätte, legte sie [5] .... ihre Hand auf meinen Arm. Als sich das Flugzeug langsam in Bewegung setzte, spürte ich, wie sie ihren Arm auf der Lehne gegen meinen presste. Ganz [6] .... meinte ich noch, die Lehne sei ja für uns beide da. In diesem Moment beschleunigte die Maschine und plötzlich hatte sich ihre Hand um die meine gelegt, wobei sie [7] .... zudrückte. Ich sah sie überrascht von der Seite an. Da lächelte sie [8] .... und sagte entschuldigend: „Karate – ich trainiere Karate und ich habe furchtbare Flugangst."

2 Gefühle nonverbal

(v) Zu welchem emotionalen Zustand passen die Beschreibungen? Ordnen Sie zu. Arbeiten Sie ggf. mit dem Wörterbuch. **LB: A4b**

einen stieren Blick bekommen | den Blick senken | die Gesichtsfarbe wechseln | am ganzen Körper zittern | die Hand zur Faust ballen | nicht still sitzen können | die Hände vors Gesicht schlagen | mit dem Fuß aufstampfen | es läuft einem kalt über den Rücken | über das ganze Gesicht strahlen | in Tränen ausbrechen | einen Kloß im Hals spüren | mit beschwingten Schritten gehen | ein paar Tränchen verdrücken | vor Schreck bleich werden | die Schultern hängen lassen

Gefühl	Körperreaktionen
1. Freude:	
2. Angst:	
3. Wut:	*einen stieren Blick bekommen,*
4. Trauer:	

B Emotionen

① Signalsystem „Gefühle" – Wortbildung

(w) **a** Lesen Sie die Ausdrücke und formulieren Sie dazu das passende Kompositum. Sie finden die Wörter im Artikel im Lehrbuch 9 B, 1c. `LB: B1c`

1. Ein System von Signalen: *das Signalsystem* ....

2. ein Mechanismus, der der Anpassung dient: ....

3. die Möglichkeit, anders zu handeln: ....

4. die Kraft zum Widerstand: ....

5. der Zweifel an uns selbst: ....

6. eine Situation, in der man sich bewährt: ....

(v) **b** Lesen Sie den Fachartikel im Lehrbuch 9 B, 1c, noch einmal und notieren Sie daraus in der Tabelle die Verben, die zu folgenden Adjektiven gehören.

Adjektiv	ohne Vorsilbe	be-	ein-	er-
1. möglich	–	–	–	*ermöglichen*
2. eng				
3. hoch				
4. rot				
5. günstig				
6. leicht				
7. stark				
8. fest				

② Der Film hat mich begeistert! – Adjektive und Partizipien mit festen Präpositionen

(v) **a** Die folgenden Sätze stammen aus Film- oder Buchkritiken. Schreiben Sie sie im Perfekt. Das markierte Wort ist das Subjekt. `AB: B1`

1. begeistern – groß – Finale – Film – ich
   Das große Finale des Films hat mich begeistert. ....

2. beeindrucken – Leistung – Hauptdarstellerin – ich
   ....

3. enttäuschen – Film – neu – Roland Emmerich – ich
   ....

4. verwirren – viele Schauplätze – Film – ich
   ....

5. faszinieren – aufwendig – 3-D-Effekte – ich
   ....

> Aussagen mit einer konkreten oder abstrakten Sache als Agens (Sätze in 2a) können oft auch mit der Zustandsform = „sein" + Partizip II des Verbs und der Präposition „von" (Sätze in 2b) wiedergegeben werden, z.B.
> begeistert sein + von + D.
> enttäuscht sein + von + D.

(v) **b** Schreiben Sie nun die Sätze aus 2a in der Ich-Perspektive im Präteritum in Ihr Heft.

1. Ich war von dem großen Finale des Films begeistert. ....

C Stark durch Gefühle

1 Eine Filmkritik verstehen

(W) a Lesen Sie die Sätze aus einer Filmkritik und bestimmen Sie, welche Funktion sie haben: Fakten darstellen (F), Inhalte beschreiben (I) oder Bewertung abgeben (B). **LB: C1b** ▸

1. In den folgenden Szenen gibt es jede Menge Konflikte und Probleme mit der Familie. ☐ *I*

2. Der Film wurde im Jahre 2005 gedreht. ☐

3. Die Darstellung der Titelfigur durch Johanna Wokalek ist äußerst glaubwürdig. ☐

4. Die letzte Szene des Films zeigt Nick und Leila im Supermarkt beim Einkaufen. ☐

5. Das Drehbuch ist eine Adaption eines Literatur-Bestsellers. ☐

6. Til Schweiger wird sowohl den tragischen wie den komischen Aspekten der Rolle gerecht. ☐

7. Der Regisseur verlegt die Handlung in eine deutsche Kleinstadt. ☐

8. Der Film spielte schon in den ersten Wochen viel Geld an der Kinokasse ein. ☐

9. „Barfuß" erweist sich als kurzweiliger Mix aus Romantik und Komödie. ☐

(V) b Bilden Sie aus den Vorgaben Sätze. Hören Sie zur Kontrolle die Radiokritik zu „Barfuß" noch einmal.

LB ⦿ 93

1. Autoren – verlegen von … nach – Handlung – Films – USA – Deutschland

   Die Autoren verlegen die Handlung des Films von den USA nach Deutschland.

2. Film – sich konzentrieren auf – Beziehung – Leila – Nick – zwischen

   ....

3. Regisseur – gelingen – Film – beeindruckend

   ....

4. seine Faszination – vor allem – Film – zu verdanken haben – den Schauspielern

   ....

5. Film – ansprechen – sowohl – jung – älter – Publikum – als auch

   ....

2 Jeder vermutet etwas anderes – Die subjektiven Modalverben

(W) a Welcher modale Ausdruck gehört zu welchem Bild? Schreiben Sie ihn unter das Foto. **LB: C2b** ▸

> dürfte | müsste | kann / könnte

A
Es ist möglich, dass …

B
Es ist gut möglich, dass …

C
Es ist sehr wahrscheinlich, dass…

....

b Sie besuchen das Filmfestival „Berlinale" zum ersten Mal und wollen den Eröffnungsfilm sehen. Während Sie in der Schlange warten, haben Sie eine Reihe von Fragen. Schreiben Sie Antworten aus Sicht der Personen aus 2a.

1. **Sie:** Glauben Sie, dass es eine Pressekonferenz gibt?

   Person C: *Ja, es müsste eine Pressekonferenz geben.* ....

2. **Sie:** Wird der Film mit deutschen Untertiteln gezeigt?

   Person B: ....

3. **Sie:** Denken Sie, dass der Festivalchef eine lange Rede hält?

   Person A: ....

4. **Sie:** Ich frage mich, ob die Hauptdarsteller Autogramme geben.

   Person C: ....

5. **Sie:** Ist der Berliner Bürgermeister eigentlich unter den Besuchern?

   Person B: ....

6. **Sie:** Ist die Premiere wirklich restlos ausverkauft?

   Person C: ....

7. **Sie:** Nimmt der Film noch an anderen Wettbewerben teil?

   Person A: ....

③ „mögen" – Vollverb oder Modalverb?

(v) a Lesen Sie die Sätze mit den verschiedenen Funktionen von „mögen" und kreuzen Sie an, ob „mögen" Vollverb (V) oder Modalverb (M) ist. **AB: C3**

1. Irgendetwas scheint sie zu stören, was mag das sein? **V M**

2. Er mochte nicht schon wieder einen Krimi sehen. **V M**

3. Der Film war wirklich schockierend. Ich mag gar nicht mehr daran denken. **V M**

4. Sie hat sich den Namen ihres Idols auf den Arm tätowieren lassen. Na, wer's mag. **V M**

5. Es mag dich vielleicht wundern, aber Tierfilme schau ich mir gern an. **V M**

6. Ich würde gern wissen, ob er mich mag oder nur höflich ist. **V M**

(v) b Lesen Sie die Erklärung und ergänzen Sie die Beispiele aus 3a.

> „Mögen" als Modalverb wird in verschiedenen Bedeutungen verwendet, auch abhängig davon, in welcher Region der DACH-Länder man sich befindet:
> 1. Synonym von „wollen", Sätze: *2,* ...., 2. Hinweis auf eine Tatsache oder Meinung, die für den Sprecher aber nicht wichtig ist, Satz: ...., 3. Betonung, etwas nicht (genau) zu wissen, Satz: ....

④ Eine Vermutung anstellen

(w) a Lesen Sie die sprachlichen Mittel zum Ausdruck von Vermutungen. Drei davon sind falsch. Kreuzen Sie an. **AB: C4**

1. können (objektive Bedeutung) ☐ 6. können (subjektive Bedeutung) ☐

2. Futur I ☐ 7. müssen im Konjunktiv II ☐

3. dürfen / Konj. II (subjektive Bedeutung) ☐ 8. Verben wie „glauben, annehmen", etc. ☐

4. Sätze mit der Partikel „wohl" ☐ 9. Adverbien wie „vielleicht, sicherlich", etc. ☐

5. „dürfen" im Indikativ ☐ 10. „mögen" als Vollverb ☐

b Formulieren Sie Vermutungen. Antworten Sie auf die Fragen mithilfe der Vorgaben in Klammern und der sprachlichen Mittel aus 4a. Hier gibt es mehrere Lösungen.

1. Gibt es eigentlich Unterschiede bei den Eintrittspreisen?

An den „Kinotagen" werden die Karten wohl weniger kosten. .... (an den „Kinotagen" – Karten – weniger kosten)

2. Wie lange wird der Film noch in den Kinos bleiben?

.... (vier Wochen laufen)

3. Wo kann ich eine Besprechung des Filmes lesen?

.... (Stadtillustrierte – Filmkritik – bringen)

4. Muss ich mit langen Wartezeiten an der Kasse rechnen?

.... (Interesse – groß sein – immer noch)

5. Wann wird der Film auf DVD erscheinen?

.... (noch eine Weile – dauern)

6. Kann ich auch ältere Fernsehserien auf DVD erhalten?

.... (große Elektronikmärkte – im Sortiment – haben)

D Gefühle verstehen

1 Wie heißt das Lokal? – Die „n-Deklination"

a Lesen Sie das Zitat aus Peter Bichsels Kurzgeschichte „San Salvador" und markieren Sie die Besonderheit bei dem Namen des Lokals, das Paul oft besucht. **LB: D1a**

„Sie würde in den „Löwen" telefonieren."

Zum *Löwen* ....   Zum ....    Zum ....    Zum ....

b Wie heißen die vier Wirtshäuser auf den Fotos oben? Lesen Sie die Regeln und ergänzen Sie in 1a die Namen aus dem Schüttelkasten.

Bär | L̶ö̶w̶e̶ | Ochse | Pfau

Als „n-Deklination" bezeichnet man die Anfügung von „-(e)n" an maskuline Nomen im Dativ, Akkusativ und Genitiv sowie im Plural, z. B. an
- Fremdwörter mit den Endsilben „-and, -ant, -aph, -ast, -ent, -et, -ist, -oph, -ot (außer bei Nomen auf -or)" → Plural „-en"
- Nomen mit der Endung „-e" und weitere Nomen mit Plural auf „(e)n".

(V) c Ergänzen Sie die Tabelle mit den Nomen im Singular.

Nom.	1. der Herr	2. der Polizist	3. der Doktorand	4. der Dozent	5. der Mensch	6. der Autor
Akk.	*den Herrn*					*den Autor*
Dat.	*dem Herrn*					*dem Autor*
Gen.	*des Herrn*					*des Autors*

② Wortschatz: Hervorhebungen

(V) a Notieren Sie die Wörter und Ausdrücke, mit denen man Aussagen betont. `AB: D2b`

1. htsapuichläch *hauptsächlich*   3. ni rester Lneii ....   5. gderae ....

2. bsenosdre ....   4. vigorwende ....   6. rov lemal ....

(V) b Ergänzen Sie die Sätze mit den Vorgaben in Klammern und einer Hervorhebung aus 2a. Manchmal passen mehrere.

1. Wie offen man mit seinem / r Partner / in über Gefühle spricht, (dafür – entscheidend – gegenseitig – Vertrauen – sein)
   ..., dafür ist vor allem das gegenseitige Vertrauen entscheidend.

2. (Beginn – Beziehung – selten – sein), dass Ängste und Sorgen angesprochen werden.
   ....

3. Schließlich ist man frisch verliebt und (sich kennen – erst – wenige Tage)
   ....

4. (Gespräche – sich drehen – um – schön – Dinge), wie Vorlieben oder gemeinsame Pläne.
   ....

5. Besser spart man Themen aus, (die auslösen – negativ – Gedanken wie persönliche Probleme oder der / die Expartner / in).
   ....

E Fingerspitzengefühl

① Susannas Affäre – Vermutungen über Vergangenes

(W) Lesen Sie Vermutungen über Susanna, markieren Sie die Verbformen und tragen Sie sie in die Tabelle ein. `AB: E1–2b`

1. Susanna wird mit ihrer Freundin oft über Richards Eifersucht gesprochen haben.
2. Ihre Eltern können über Susannas Ehemann nicht besonders glücklich gewesen sein.
3. Richard dürfte ihr mehrere Heiratsanträge gemacht haben.
4. Er wird aus Misstrauen immer in ihrer Nähe geblieben sein.
5. Die ständige Kontrolle muss sie sehr gestört haben.
6. Die Affäre wird für sie wohl ein Ausweg aus dieser Zwangslage gewesen sein.

Vermutungen über Vergangenes	Hilfs- / Modalverb	Infinitiv Perfekt
werden + Infinitiv Perfekt	*1. wird*	*gesprochen haben*
Modalverb + Infinitiv Perfekt		

2 Perspektivwechsel in der Vermutung

Tipp:
Den Infinitiv Perfekt Passiv bildet man so:
Partizip II + „worden" + „sein"

(w) **a** Lesen Sie die Sätze und ergänzen Sie die fehlenden Formen des Infinitiv Perfekt Passiv. **LB: E2c**

1. Das Thema Eifersucht wird von Carmen und Susanna oft *besprochen worden sein.* .... (besprechen)

2. Richard dürfte von Susannas Eltern nicht sehr .... (mögen)

3. Von ihrem neuen Liebhaber wird Susanna sicher nicht ständig .... (überwachen)

4. Die Affäre dürfte von Susanna sehr lange geheim .... (halten)

(v) **b** Formulieren Sie nun die Sätze 1 bis 4 im Aktiv.

1. *Carmen und Susanna werden das Thema Eifersucht oft besprochen haben.*

2. ....

3. ....

4. ....

3 Der Unternehmer Kronhaus ist entführt worden – Vermutungen über Vergangenes

(w) **a** Kommissar Hanssen rekonstruiert den Ablauf des Verbrechens. Lesen Sie seine Notizen und notieren Sie seine Vermutungen. Verwenden Sie dazu die Vergangenheitsform der „subjektiv" gebrauchten Modalverben.

– *Vermisstenanzeige (Assistentin) um 10.00 Uhr*
– *Dienstwagen in der Garage*
– *Fetzen von Kleidungsstücken*
– *tiefe Reifenspuren vor Garage*

1. Tat – dürfen – zwischen 7.00 und 10.00 Uhr – geschehen

   Die Tat dürfte zwischen 7.00 und 10.00 Uhr geschehen sein.

2. Kronhaus – müssen – auf Weg zur Arbeit – überraschen

   ....

3. es – ein Kampf – müssen – geben

   ....

4. für Tat – können – Entführer – Transporter – benutzen

   ....

5. über die Autobahn – können – Entführer – fliehen

   ....

6. seine Familie – dürfen – das Lösegeld – noch nicht zahlen

   ....

(w) **b** Lesen Sie, welche Vermutungen bei der Kripo angestellt werden und ergänzen Sie die Tabelle.

Vermutungen ausdrücken	über Gegenwärtiges / Zukünftiges	über Vergangenes
1. mit Modalverben	a. Die Zeitungen *müssten* schon bald über den Fall berichten.	b. Die Entführer müssen den Alltag ihres Opfers beobachtet ....
2. mit „mögen"	a. Den Entführern .... es nur um Geld gehen.	b. Kronhaus mag nicht besonders vorsichtig ....
3. mit „werden"	a. Die Familie des Unternehmers .... wohl große Angst um ihn haben.	b. Die Täter .... wohl keine großen Straßen benutzt ....
4. mit Adverbien	a. .... fordern die Täter Lösegeld von seiner Familie.	

4 Modalpartikeln – Bedeutung und Stellung im Satz

(W) Formulieren Sie Sätze mit der passenden Modalpartikel und achten Sie auf die Wortstellung. Lesen Sie dazu den Tipp im Arbeitsbuch 9 E, 4 a, noch einmal. LB: E5 + AB: E4a–c

1. Wo bist du die ganze Zeit gewesen? (~~doch~~/eigentlich) *Wo bist du eigentlich die ganze Zeit gewesen?*

2. Ich war kurz bei der Bank, Geld abheben. (ja/schon) ....

3. Ach ja, aber du warst gestern erst Geld holen. (denn/doch) ....

4. Stimmt, aber es reicht nie sehr lange. (eigentlich/denn) ....

5. Und du denkst, ich glaube dir? (wohl/ja) ....

6. Das musst du selbst wissen, ob du mir glaubst. (bloß/schon) ....

F Gemischte Gefühle

1 Wortschatz: Bücher

(W) Welches Wort aus der Reihe passt nicht: a, b oder c? Kreuzen Sie an. LB: F1

	a	b	c
1.	Bilderbuch	Fotoband	Kinderbuch
2.	Logbuch	Sachbuch	Fachbuch
3.	Agenda	Notizbuch	Taschenkalender
4.	Tagebuch	Lehrbuch	Arbeitsbuch
5.	Kontobuch	Sparbuch	Taschenbuch

2 Richtig schreiben: Getrennt- und Zusammenschreibung (3): Adverb + Verb

(E) a „wieder vereinigen" oder „wiedervereinigen"? Lesen Sie die Regeln und dann die Beispielsätze. Welcher Satz gehört zu welcher Regel?

1. In vielen Fällen ist es erlaubt, „wieder" + Verb zusammen oder getrennt zu schreiben. Zusammen schreibt man besonders dann, wenn „wieder" oder der Verbstamm betont ist, z. B. wiederverwerten oder wiederholen.
2. Getrennt schreibt man „wieder" vor allem in der Bedeutung „noch einmal"/„erneut" z.B. wieder tun; Ausnahme: untrennbare Verben.
3. Zusammen schreibt man, wenn „wieder" in der Bedeutung „zurück" gebraucht wird.

1. Ich habe seit 8 Jahren nicht wieder gearbeitet. Regel: ....
2. Der Präsident wurde zum zweiten Mal wiedergewählt. Regel: ....
3. Er hat mir die Zeitschrift wiedergebracht. Regel: ....

(E) b Verbinden Sie die Verben in der Klammer mit „wieder" und achten Sie auf Getrennt- oder Zusammenschreibung.

1. Ich habe mit 100 Euro bezahlt und zu wenig Geld *wiederbekommen.* (bekommen)

2. Er hat mir versprochen, dass er es nicht .... (machen)

3. Der Ball ist über den Zaun geflogen. Jetzt müssen die Kinder ihn .... (holen)

4. Eben wusste ich es noch. Aber es wird mir bestimmt .... (einfallen)

5. Brauchst du meinen Radiergummi noch oder kann ich ihn .... (haben)

6. Die Fernsehserie wird zum dritten Mal .... (holen)

A Raus in die Welt

1 Neuanfang – Leben in einer anderen Welt

(W) **a** Was passt zusammen? Finden Sie 6 Ausdrücke wie im Beispiel. Die Texte im Lehrbuch 10 A, 2a, können Ihnen helfen. **LB: A2a ►**

| festgefahren | groß | genügend | langjährig | unkompliziert | viel |

| Erfahrungen | Fachwissen | Freundschaften | Kapital | Karriereaussichten | Traum |

| einbringen | erwerben | haben | schließen | verfügen über | verwirklichen |

1. _festgefahrene Karriereaussichten haben_
2. ....
3. ....
4. ....
5. ....
6. ....

(V) **b** Schreiben Sie einen ähnlichen Kurzbericht wie im Lehrbuch 10 A, 2a, und verwenden Sie Ausdrücke aus 1a.

Dirk Minter (34 Jahre), ...
....
....
....
....
....

Dirk Minter, 34 Jahre
Beruf: Arzt
Auswanderungsland: USA

2 Vorteil oder Nachteil? – Redemittel

(W) **a** Wie heißen die Redemittel? Verbinden Sie die Elemente. Hier gibt es mehrere Lösungen. **LB: A3b ►**

1. einen großen Vorteil / Nachteil   sein, dass …
2. sowohl Vor- als auch Nachteile   überwiegen
3. ein großer / weiterer Vorteil / Nachteil   sehen in … + D. / darin, dass …
4. ein Vorteil / Nachteil   haben
5. vorteilhaft / nachteilig   bestehen in … + D. / darin, dass …
6. die Vorteile / Nachteile   sein an …+ D.

(W) **b** Lesen Sie den Erfahrungsbericht und vervollständigen Sie die Lücken mit den Redemitteln aus 2a.

Letztes Jahr sind wir mit der ganzen Familie für ein Jahr nach Chile gegangen. Da mein Mann Chilene ist, unsere Kinder aber noch kein Spanisch sprachen, [1] _sahen_ wir als Eltern für ihre Zukunft _einen großen Vorteil_ in diesem Aufenthalt. [2] .... so einem Abenteuer .... die vielen Vorbereitungen, die man treffen muss, wenn man mit der ganzen Familie das gewohnte Umfeld verlässt: Krankenversicherung abschließen, Wohnung untervermieten, persönliche Sachen unterstellen, Absprachen mit Schule und Kindergarten etc. [3] .... bestand in unserem Fall ...., ... wir eigene finanzielle Ressourcen ausschöpfen mussten, um uns ein Jahr von der Arbeit zu Hause freizumachen. [4] .... aber, ... man die Welt, und da meine ich insbesondere das gewohnte berufliche und private Leben, mal mit Abstand betrachten kann und der Alltag sich unterscheidet. Was ich außerdem beobachtet habe, ist, dass das Leben in jedem Land [5] .... und es diesen perfekten Ort auf der Welt, den so viele für sich suchen, in Wirklichkeit nicht gibt. Das einzig Wichtige ist meiner Ansicht nach der positive Blickwinkel, den ich versuche einzunehmen. Dann [6] .... in der Regel ....

B Studieren im Ausland

1 Studieren mal anders – Adjektive mit Suffixen

(W) Wie heißen die Adjektive zu folgenden Nomen? Tragen Sie sie in die Tabelle ein und markieren Sie ggf. Besonderheiten bei der Wortbildung. Einmal gibt es zwei Lösungen. **LB: B1a**

> Aktualität | Beruf | Europa | Familie | Finanzen | Freundschaft | Kulturwissenschaft | Maßgabe | Potenz | Partnerschaft | Technik | Wesen

-är	-ell	-iell	-isch	-lich	-weit
	aktuell				

2 Mit anderen Worten

(W) Lesen Sie den Zeitungskommentar im Lehrbuch 10 B, 1a, noch einmal. Welche Erklärung passt nicht? Kreuzen Sie an. **LB: B1a**

1. ins Ausland gehen   **a** reisen   **b** umziehen
2. jdn. abhalten von etw.   **a** abbringen   **b** wegbringen
3. sich aufhalten in …   **a** wohnen in …   **b** eine Zeit lang bleiben in …
4. Anreize bieten   **a** attraktiv sein   **b** reizend sein
5. Vorteile mit sich bringen   **a** Vorteile versprechen   **b** auf jeden Fall vorteilhaft sein
6. beitragen etw. zu   **a** etw. dafür tun   **b** beantragen
7. eine Hürde darstellen   **a** eine Schwierigkeit darstellen   **b** ein Argument für eine Entscheidung sein
8. finanzieller Mehraufwand   **a** mehr Aufgaben   **b** zusätzliche Kosten

3 Und trotzdem! – Konzessive Haupt- und Nebensätze

(W) **a** Lesen Sie den kurzen Bericht und markieren Sie, welcher Konnektor passt. **AB: B2**

Heute ist Sonntag. Hans muss [1] deshalb / folglich / dennoch früh aufstehen.
[2] Also / Nichtsdestotrotz / Aber ist er bester Laune. Und [3] hingegen / auch wenn / da er noch ziemlich verschlafen ist, fällt es ihm nicht schwer, unter die Dusche zu springen. Er hat nur kaltes Wasser. [4] Aber / Obwohl / Gleichwohl findet Hans das wunderbar, es erfrischt nämlich seine müden Glieder.
[5] Wegen / Infolge / Ungeachtet der frühen Stunde singt er ein fröhliches Lied. Endlich ist es soweit: Es wird sein vorerst letzter Wintertag mit Schnee und eisigen Temperaturen sein. Er hat [6a] weder / entweder / zwar oft Probleme, Abschied zu nehmen, [6b] noch / aber / oder diesmal ist das Gegenteil der Fall. Sein Traum ist in Erfüllung gegangen. Hans hat alle Hindernisse überwunden und kann endlich ein Jahr in Ecuador verbringen. Nach einem Jahr wird er zurückkommen,
[7] obwohl / weil / da ihm das sicher nicht so leichtfallen wird wie dieser Abschied an einem kalten, trüben Wintermorgen in Deutschland.

b Kreuzen Sie an, ob es sich bei den Lösungen in 3a um einen Konnektor, ein Verbindungsadverb oder eine Präposition handelt.

Konnektoren	Satz 1	Satz 2	Satz 3	Satz 4	Satz 5	Satz 6a	Satz 6b	Satz 7
Präposition	☐	☐	☐	☐	☐	☐	☐	☐
Nebensatzkonnektor	☐	☐	☐	☐	☐	☐	☐	☐
Verbindungsadverb	☐	☐	☐	☐	☐	☐	☐	☐
Zweiteiliger Konnektor	☐	☐	☐	☐	☐	☐	☐	☐

c Korrigieren Sie den Infotext über das Auslandsstudium. Markieren Sie zunächst die Fehler und schreiben Sie dann den korrigierten Text in Ihr Heft.

[1] Trotz es heutzutage viele Anreize für ein Auslandsstudium gibt, entscheiden sich weniger Studierende als erwartet dafür. [2] Das liegt auch daran, dass es ihnen schwerfällt, sich von Familie, Freunden und Partnern zu trennen. Diese Trennung ist nur nichtsdestotrotz vorübergehend. [3] Also verzichten viele aus diesem Grund lieber auf solch einen Aufenthalt. [4] Obwohl sich viele dagegen entscheiden, ein Auslandssemester bessere Zukunftschancen verspricht. [5] Aber diejenigen, die sich dafür entscheiden, tun das, trotzdem ein großer Aufwand damit verbunden ist. [6] Manche machen auch die Erfahrung, dass es anschließend zwar nicht immer leicht ist, sich wieder zu Hause einzuleben, aber es sich um das Heimatland handelt.

1. Obwohl es heutzutage viele Anreize für ein Auslandsstudium gibt, entscheiden sich weniger Studierende als erwartet dafür.

4 Anders gesagt – gleiche Bedeutung: zweiteilige Konnektoren

Sagen Sie es anders mit einem zweiteiligen Konnektor. LB: B3

nicht nur … sondern auch … | je … desto … | sowohl … als auch … | weder … noch … (noch …) | zwar … aber …

1. Bei einem Studienaufenthalt im Ausland profitiert man von der interkulturellen Erfahrung, beruflich, aber auch persönlich.
   Bei einem Studienaufenthalt im Ausland profitiert man sowohl beruflich als auch persönlich von der interkulturellen Erfahrung.

2. Wir fahren in den nächsten Semesterferien nicht nach Nordeuropa. Wir reisen auch nicht auf die Südhalbkugel wie Paul und Anna oder an die französische Mittelmeerküste wie Petra.

3. Jan lernt für sein Auslandssemester Arabisch an der Uni. Er nimmt außerdem Privatstunden bei einem Muttersprachler.

4. Ist der Studienaufenthalt im Ausland kurz, kann man weniger Erfahrungen sammeln.

5. Niederländisch und Deutsch sind verwandte Sprachen. Jemand, der beide als Fremdsprache lernt, hat dennoch oft große Probleme dabei.

C Wege ins Ausland

1 Wohin des Wegs? Arbeiten in ...

(v) **a** Lesen Sie die Kurztexte von einer Webseite zu Arbeitsmöglichkeiten im Ausland und ergänzen Sie die fehlenden Endungen. **LB: C2b**

Die Lebensqualität in Kanada ist sehr hoch:

JOBINTERNATIONAL

1. In d*en* letzt*en* Jahr_____ d_____ 20. Jahrhundert_____ wurde Kanada von d_____ UNO siebenmal nacheinander zu_____ Land mit d_____ höchst_____ Lebensqualität gekürt.

2. Sollten Sie sich dafür entscheiden, in Kanada zu arbeiten, brauchen Sie auf jed_____ Fall ein_____ gültig_____ Arbeitserlaubnis.

3. Mit Ihr_____ Entschluss, in d_____ kanadisch_____ Arbeitswelt einzutreten, befinden Sie sich dann in best_____ Gesellschaft:

4. Denn jed_____ Jahr kommen 90.000 Arbeitnehmer aus d_____ ganz_____ Welt, um hier zeitweise ein_____ Beschäftigung nachzugehen.

5. Da Sie für die Beantragung ein_____ Arbeitserlaubnis d_____ neu_____ Job in Kanada bereits in der Tasche haben müssen, ist hier Ihr_____ planerisch_____ Geschick in besonder_____ Maße gefordert.

6. In jed_____ Fall ist es ratsam, während ein_____ Besuch_____ in Kanada bereits Kontakte zu knüpfen und ein Netzwerk aufzubauen, das Ihnen bei d_____ Jobsuche hilft.

7. Wenn Sie eine qualifizierte Ausbildung in den in Kanada gesucht_____ Branch_____, einschlägig_____ Berufserfahrung und gut_____ Sprachkenntniss_____ vorweisen können, haben Sie gute Chancen auf ein_____ Job.

8. Beachten Sie, dass in Kanada in manch_____ Teil_____ Englisch, in ander_____ Französisch gesprochen wird.

(v) **b** Ergänzen Sie die fehlenden Wörter.

Schweden gilt für viele als Traumland:

1. Der Lebensst*andard*_____ in Schw_____ ist hoch, das Sozial- und Gesundheitss_____ stabil und die Lands_____ wunderschön. Schweden ver_____ über einen gesu_____ Arbeitsmarkt.

2. Gesucht wer_____ derzeit unter and_____ Ärzte, Bauarbeiter, Elekt_____, Informatiker, Krankenschwestern/Kranken_____ und Psych_____.

3. Mit Englischk_____ lässt sich in vielen Bra_____ Arbeit finden, allerdings sollte man auf Da_____ Schwedischkenntnisse haben. Der Staat finan_____ kostenlose Sprach_____.

4. Allerdings sind auch die Ste_____ sehr hoch. Die Steuerlast kann bis zu 55 Pro_____ für Arbeitn_____ betr_____, aber schwedische Arbeitnehmer zahlen keine Sozialversicherungsabgaben zusät_____.

5. 46 Prozent der Haushalte wohnen in Eigenh_____ und Reihenh_____.

6. Besonders im dichter besiedelten Süden und in den großen Städten ist das öffentliche Verkehrsn_____ gut ausgebaut.

D Vorbereitungen

1 Wortschatz: Formelle Telefongespräche

(W) a Lösen Sie das Kreuzworträtsel. AB: D1a ▶

Waagerecht:

1. Wenn man selbst als Angerufener die gewünschte Person ist, ist man „… Apparat"
2. Als Reaktion auf „Vielen Dank." kann man sagen „Keine …"
3. Bei Verständnisproblemen muss man …
4. Die Person, die man sprechen möchte, ist der … Gesprächspartner.
5. etw. weitersagen, jdm. Bescheid geben , das bedeutet jdm. etw. …
6. Das Verb zu Rückruf heißt …
7. Wenn jdm. beruflich verreist ist und man ihn entschuldigt, sagt man, die Person ist „auf …"
8. Ist die Person, die man sprechen möchte, nicht selbst am Telefon, muss man sich … lassen.
9. „… geht es?" ist oft die erste Frage, die man am Telefon hört.
10. Auf einem Anrufbeantworter bzw. einer Mailbox kann man eine Nachricht …
11. eine besonders höfliche Form von „können": Sie …
12. ein anderes Wort für Telefonat
13. ein anderes Wort für jdm. etw. sagen, jdn. informieren ist jdm. etw. …
14. Wenn man ein formelles Telefongespräch führt und etwas möchte, hat man als Anrufer ein …

Senkrecht Lösungswort:

15. So verabschiedet man sich am Telefon:

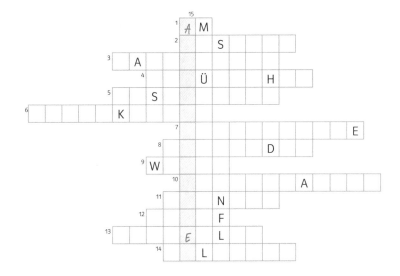

(W) b Notieren Sie zu jedem Teil eines formellen Telefonats 1–2 Redemittel.

1. sich melden und nach dem Grund des Anrufs fragen: *Was kann ich für Sie tun? / Worum geht es?* ....

2. sich melden und den Gesprächspartner begrüßen: ....

3. sich verbinden lassen: ....

4. den gewünschten Teilnehmer entschuldigen und Hilfe anbieten: ....

5. ein Anliegen nennen: ....

6. bei Verständnisproblemen nachfragen: ....

7. eine Nachricht hinterlassen: ....

8. um Rückruf bitten: ....

9. das Gespräch beenden, sich bedanken und verabschieden: ....

2 Der formelle Brief: Kennzeichen

(V)

Ergänzen Sie im Briefschema die Bezeichnungen für die Teile eines formellen Briefes. AB: D2a

Beachten Sie bei formellen Briefen, dass alle Textteile (außer das Datum) links stehen müssen. Nach der Grußformel und der Unterschrift steht kein Satzzeichen. Der Absender kann auch in der Kopf- oder Fußzeile erscheinen.

Absender | Anrede | Betreff/Bezug | Brieftext | Datum | ~~Empfänger~~ | Grußformel | Unterschrift

Wohnheim Möncke | Hansastr. 176 | 20148 Hamburg ———— 6. ....

der Empfänger 1. ——— Frau
Elisa Vieira de Melo
Rua Duarte 56 r/c dto
4000-011 Porto
Portugal

29. Januar 2013 ———— 7. ....

2. ——— **Ihre Anfrage vom 20.01.2013**

3. ——— Sehr geehrte Frau Vieira de Melo,

vielen Dank für Ihre Anfrage. Es freut uns, dass Sie im Rahmen des Europäischen Freiwilligendienstes nach Deutschland kommen.
Leider müssen wir Ihnen mitteilen, dass wir im Moment kein Einzelzimmer frei haben. Wir haben aber noch einige wenige Plätze in unseren frisch renovierten Doppelzimmern. Wunschgemäß legen wir eine Informationsbroschüre bei, aus der Sie Größe und Ausstattung der noch zur Verfügung stehenden Zimmer sowie die Höhe der Miete ersehen können.
Falls Sie an einem Platz in einem der Doppelzimmer interessiert sind, bitten wir Sie, uns möglichst bald den ausgefüllten und unterschriebenen Mietvertrag (ebenfalls in der Anlage) zurückzusenden. Dies ist Voraussetzung für die Reservierung. Für zusätzliche Informationen stehen wir Ihnen jederzeit gern zur Verfügung. ———— 8. ....

4. ——— Mit freundlichen Grüßen

5. ——— *Alfons Gruber*
i. A. Alfons Gruber

E Ankommen

1 Wortschatz: Verträge

(W)

Ordnen Sie den Definitionen die Begriffe aus dem Schüttelkasten zu. LB: E2a

fristlose | Hausordnung | Inventar | Mietrückstand | Schaden | Sicherheitsleistung | Verstoß | Vorschriften | Untervermietung | Werktag | zu gewerblichen Zwecken | Zustand

1. Alle Dinge, die in dem gemieteten Objekt inbegriffen sind und dem Vermieter bzw. Eigentümer gehören, z. B. ein Bügeleisen, ein Möbelstück u.a. bezeichnet man als *Inventar* ....

2. Ein Tag, der kein gesetzlicher Feiertag oder Samstag/Sonntag ist, ist ein ....

3. Den Text, der alle Regeln für die Mieter/Eigentümer in einem Haus enthält, nennt man ....

4. Das Zimmer sieht gut aus. Es ist in einem guten ....

5. Mietet man etwas mit dem Ziel, in dem/durch das Mietobjekt (Haus, Wohnung, Zimmer) Geld zu verdienen (z. B. zu produzieren, einen bezahlten Dienst anzubieten) heißt das: ....

6. Wenn man eine Regel oder eine Vorschrift nicht einhält, ist das ein ....

7. Der Geldbetrag, der dem Vermieter für bestimmte Fälle als Sicherheit dient, wie z.B. für zu spät bezahlte Miete, für ein beschädigtes Mietobjekt etc., heißt ....

8. Wenn jemand etwas an eine andere Person gegen Geld weitervermietet, obwohl er nicht der Vermieter oder Eigentümer, sondern selbst Mieter ist, spricht man von ....

9. Nicht pünktlich, gar nicht oder zu wenig bezahlte Miete gilt als ....

10. Kündigt man oder wird einem gekündigt, ohne dass ein bestimmter Zeitrahmen/Zeitpunkt beachtet werden muss, ist das eine .... Kündigung.

11. Regeln, die in einem Vertrag, Gesetzestext oder einer Hausordnung stehen, nennt man ....

12. Wenn man etwas kaputt oder verschmutzt hinterlässt, hat man einen .... verursacht.

❷ Einen Mietvertrag genau verstehen

ⓥ Lesen Sie die Mail und schreiben Sie Anna dann eine Antwortmail. Klären Sie darin ihre offenen Fragen entsprechend dem Inhalt des Mietvertrages in Lehrbuch 10 E, 2 a. `LB: E2a` ▸

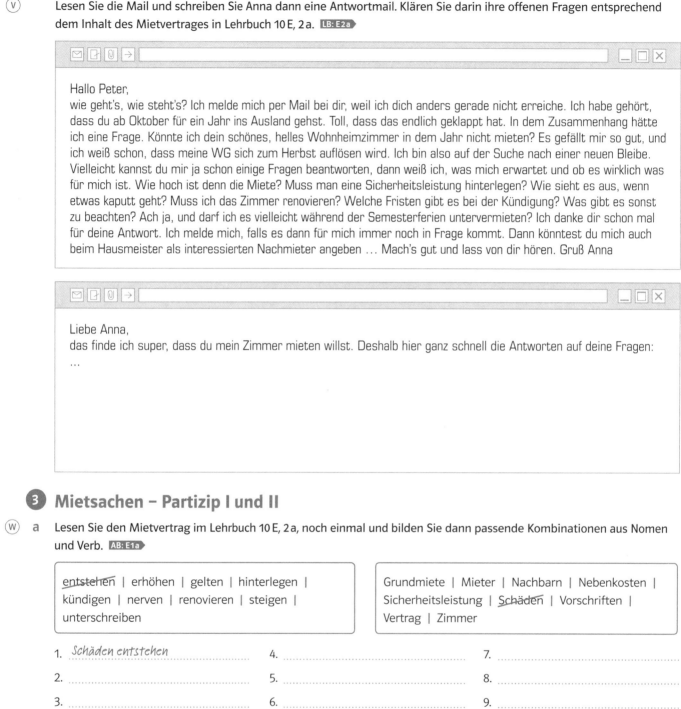

Hallo Peter,
wie geht's, wie steht's? Ich melde mich per Mail bei dir, weil ich dich anders gerade nicht erreiche. Ich habe gehört, dass du ab Oktober für ein Jahr ins Ausland gehst. Toll, dass das endlich geklappt hat. In dem Zusammenhang hätte ich eine Frage. Könnte ich dein schönes, helles Wohnheimzimmer in dem Jahr nicht mieten? Es gefällt mir so gut, und ich weiß schon, dass meine WG sich zum Herbst auflösen wird. Ich bin also auf der Suche nach einer neuen Bleibe. Vielleicht kannst du mir ja schon einige Fragen beantworten, dann weiß ich, was mich erwartet und ob es wirklich was für mich ist. Wie hoch ist denn die Miete? Muss man eine Sicherheitsleistung hinterlegen? Wie sieht es aus, wenn etwas kaputt geht? Muss ich das Zimmer renovieren? Welche Fristen gibt es bei der Kündigung? Was gibt es sonst zu beachten? Ach ja, und darf ich es vielleicht während der Semesterferien untervermieten? Ich danke dir schon mal für deine Antwort. Ich melde mich, falls es dann für mich immer noch in Frage kommt. Dann könntest du mich auch beim Hausmeister als interessierten Nachmieter angeben ... Mach's gut und lass von dir hören. Gruß Anna

Liebe Anna,
das finde ich super, dass du mein Zimmer mieten willst. Deshalb hier ganz schnell die Antworten auf deine Fragen:
...

❸ Mietsachen – Partizip I und II

ⓦ a Lesen Sie den Mietvertrag im Lehrbuch 10 E, 2 a, noch einmal und bilden Sie dann passende Kombinationen aus Nomen und Verb. `AB: E1a` ▸

| entstehen | erhöhen | gelten | hinterlegen | kündigen | nerven | renovieren | steigen | unterschreiben |

| Grundmiete | Mieter | Nachbarn | Nebenkosten | Sicherheitsleistung | Schäden | Vorschriften | Vertrag | Zimmer |

1. *Schäden entstehen*　　　　　4. ....　　　　7. ....

2. ....　　　　　5. ....　　　　8. ....

3. ....　　　　　6. ....　　　　9. ....

ⓦ b Partizip I oder Partizip II? Lesen Sie die Regeln im Arbeitsbuch 10 E, 1 a, noch einmal. Bilden Sie aus den Elementen aus 3 a Partizipien und ergänzen Sie dann die Begriffe wie im Beispiel.

1. die *entstanden*en Schäden　　　4. die ....en Nachbarn　　　7. die ....en Vorschriften

2. die ....e Grundmiete　　　5. die ....e Sicherheitsleistung　　8. der ....e Vertrag

3. der ....e Mieter　　　6. die ....en Nebenkosten　　9. das ....e Zimmer

ⓥ c Erklären Sie die Partizipien aus 3 b mithilfe eines Relativsatzes wie im Beispiel und notieren Sie die Sätze in Ihr Heft.

1. die entstandenen Schäden = die Schäden, die entstanden sind; ...

4 Die neue Hausordnung – Partizipien als Attribut

(V) Ergänzen Sie in den Auszügen aus einer Hausordnung die passenden
Partizipien I oder II. Denken Sie auch an die Endungen.

> Die Partizipien I und II werden als Attribute zur Beschreibung von Nomen gebraucht. Daher erhalten Sie Endungen (in Genus, Numerus und Kasus) wie die Adjektive z. B. das renovierte Zimmer.

Kinder

- Den Spielbedürfnissen von Kindern ist in angemessener Weise Rechnung zu tragen. Sie dürfen auf der zum Haus
  [1] _gehörenden_ (gehören) Wiese spielen und Spielgeräte aufstellen.

- Die Sauberhaltung des Spielplatzes und Sandkastens und der Umgebung gehört zu den Aufgaben der Eltern der
  dort [2] .... (spielen) Kinder. Die Eltern haben darauf zu achten, dass das von ihren Kindern
  [3] .... (benutzen) Spielzeug weggeräumt wird.

- Die Spielplätze sind auch für Freunde der im Haus [4] .... (wohnen) Kinder zugänglich.

Sicherheit

- Das Grillen mit Holzkohle ist auf den Balkonen grundsätzlich nicht gestattet. Zum Grillen steht eine zu diesem
  Zweck [5] .... (vorsehen) Fläche im Garten zur Verfügung.

- Das Lagern von feuergefährlichen, leicht entzündbaren sowie Geruch [6] .... (verursachen)
  Stoffen im Keller oder auf dem Dachspeicher ist untersagt.

Reinigung

- Haus und Grundstück sind in einem sauberen und reinen Zustand zu erhalten. Nach einem vom Vermieter
  [7] .... (aufstellen) Reinigungsplan müssen die Mieter abwechselnd Flure, Treppen, Fenster und
  Dachbodenräume, Zugangswege außerhalb des Hauses, den Hof und den Bürgersteig vor dem Haus reinigen.

- Der im Haushalt [8] .... (anfallen) Müll darf nur in dafür [9] .... (vorsehen)
  Mülltonnen und Containern entsorgt werden.

F Kultur hier und da

1 Richtig schreiben: s-Laute: „s, ss, ß"

(E) a Lesen Sie den Tipp und ergänzen Sie den Ratgebertext.
Arbeiten Sie ggf. mit einem Wörterbuch.

Mit Mu^ße lebt es sich stre....freier! Egal, ob zu Hau....e oder
au....erhalb des Heimatlandes: jeder wei.... heute, da.... die
mei....ten Menschen ge....ünder leben, wenn ihr Arbeit.... –
und Privatleben ....o ent....pannt wie möglich verlaufen. Hier
hilft folgender Vergleich: Wer schnell i....t, tut ....ich nicht ....
Gute.... . Da.... wi....en wir alle aus eigener Erfahrung. Und so
....ollte man auch ....onst leben. Mit Mu....e für Wichtige....,
einer ausgeglichenen Atmo....phäre im Alltag, ...portlichem
oder anderweitigem Au....gleich von der Arbeit, al....o ohne
Dauer....tre...., ein Phänomen, da.... heute bereit.... vielen
Per....onen zu schaffen macht.

> Ein stimmhaft (weich) gesprochenes „s" schreibt man immer mit einfachem „s", z. B. Häuser. Ein stimmlos (scharf, hart) gesprochenes „s" schreibt man mit „s", „ss" oder „ß":
> „s": am Wortende , z. B. Haus
> „ss": nach kurzem Vokal, z. B. Anpassung, missverstehen
> „ß": nach langem Vokal, z. B. Fuß, oder Diphthong (=Doppellaut), z. B. draußen
> „das" oder „dass": Bei „das" und „dass" hängt die Schreibweise von der Funktion ab: „dass" als Nebensatzkonnektor, „das" als Artikel oder Pronomen.

(E) b Markieren Sie in den Wörtern die Wort- und Silbengrenzen.
Lesen Sie dann den Tipp und sprechen Sie die Wörter laut.

1. Stim|mung   2. Hochstimmung   3. Darstellung
4. Spezialist   5. kulturspezifisch   6. Entspannung

> Sprechen Sie den s-Laut an den Wort- oder Silbengrenzen scharf (stimmlos, z. B. Glas|tisch) und verbinden Sie ihn **nicht** mit dem Anfangsvokal in der folgenden Silbe oder im nächsten Wort, z. B. Jahres|ende, Arbeits|amt. „sp" und „st" am Wortanfang und an der Silbengrenze werden wie „schp" bzw. „scht" gesprochen.

A Natur

1 Wortschatz: Wetter

(W) **a** Ergänzen Sie jeweils zwei Wörter aus der Wortfamilie. **AB: A1** ▸

Nomen mit Artikel	Verb	Adjektiv / Partizip
1. *die Hitze*	sich aufheizen	*heiß*
2.		frostig
3. die Trockenheit		
4.	sich bewölken	
5.		regnerisch
6.	stürmen	

(W) **b** Wettervorhersagen. Setzen Sie die passenden Wörter aus 1a ein.

1. In der Nacht zum Freitag wird es wieder ziemlich *frostig* ....:
   Es .... in weiten Teilen des Landes und die
   Temperaturen geben bis auf -10 Grad Celsius zurück.

2. So .... wie in den letzten zwei Tagen war es im Mai
   lange nicht. Wegen der andauernden .... mussten
   die Bauern ihre Felder frühzeitig bewässern.

3. Am Nachmittag ziehen von Westen dunkle .... auf
   und es kommt zu Gewittern, die von starken ....
   begleitet werden.

4. Die Luftmassen über dem Mittelmeer werden sich im Juli weiter
   .... Dies hat zur Folge, dass die ....welle
   in den kommenden Monaten nach Norden wandert.

Hamburg
-10°/-3°

Berlin
-3°/7°

Köln
3°/10°

Frankfurt
2°/8°

Stuttgart
-1°/5°

München
- 4°/0°

2 Leider verbrannt! – Partizipien mit dem Präfix „ver-"

(V) **a** Lesen Sie den Tipp und bilden Sie das Partizip Perfekt mit „ver-".

1. brennen – *verbrannt*
2. blühen – ....
3. welken – ....
4. regnen – ....
5. schwitzen – ....
6. trocknen – ....
7. kleben – ....
8. kochen – ....

> Bei Verben, die Vorgänge bzw. Prozesse ausdrücken, wird oft ein weiteres Partizip Perfekt (z. B. mit der Vorsilbe „ver-") verwendet, um auszudrücken, dass etwas einen anderen Zustand erreicht hat, z. B. Der Wald hat gebrannt. Jetzt ist er ganz verbrannt.

(V) **b** Ergänzen Sie die Sätze mit den Partizipien aus 2a. Einmal sind zwei Lösungen möglich.

1. Die Windschutzscheibe meines Wagens war von dem Blütensaft der Bäume, unter denen ich das Auto geparkt hatte, stark *verklebt* ....

2. Als wir endlich am Strand ankamen, war ich völlig ....

3. Wer den Urlaub an der Nordsee liebt, der erträgt auch ein paar ....Tage.

4. Als ich die Rosen zu Hause aus dem Papier wickelte, war eine ....darunter.

5. Nach vier Wochen ohne Regen war die Wiese hinter unserem Haus völlig ....

6. Die Suppe schmeckte uns nicht besonders, denn das Gemüse war völlig ....

7. Das ist kein gutes Restaurant. Das Steak ist schwarz und an einer Stelle total ....

B Von der Natur lernen

1 Natur und Technik – Komposita bilden

W **a** Bilden Sie aus den Bestimmungswörtern links und dem Grundwort rechts verschiedene Komposita. `LB: B2 + AB: B1b`

1. a. die Klette
   b. schrauben ──┬── der Verschluss
   c. reißen

2. a. tarnen
   b. baden ──┬── der Anzug
   c. der Taucher

3. a. das Eis
   b. der Schnitt ──┬── die Blume
   c. pusten

4. a. die Lampe
   b. fallen ──┬── der Schirm
   c. der Regen

5. a. das Kaninchen
   b. der Stachel ──┬── der Draht
   c. die Blume

6. a. die Spinne
   b. das Telefon ──┬── das Netz
   c. der Einkauf

1a. *der Klettverschluss* .... 1b. .... 1c. ....

2a. .... 2b. .... 2c. ....

3a. .... 3b. .... 3c. ....

4a. .... 4b. .... 4c. ....

5a. .... 5b. .... 5c. ....

6a. .... 6b. .... 6c. ....

W **b** Welche Komposita bezeichnen einen Gegenstand, der ein Vorbild in der Natur hat? Notieren Sie die Ziffern:

1a., ...

V **c** Lesen Sie die Regeln und ergänzen Sie sie. Notieren Sie dann Beispiele aus 1a.

> Zusammengesetzte Wörter (Komposita) bilden:
> 1. Verb und Nomen: Das Verb verliert die Infinitivendung d. h., es wird auf den Stamm reduziert.
>   Ausnahmen sind Verben mit der Stammendung „-.......... / -.........." und „-g", hier wird ein „-e" eingefügt.
>   Beispiele: ...., ...
> 2. Nomen und Nomen: Endet das Bestimmungswort auf unbetontem „-..........", wird meist zwischen erstem und
>   zweiten Wortteil ein „n" eingefügt. Beispiele: ...., ...
>   Ausnahme: z. B. der Klettverschluss

2 Wortschatz: Die Natur als Ingenieur

W **a** Ordnen Sie den Begriffen aus der Radioreportage in Lehrbuch 11B, 3a, die passende Erklärung zu. `LB: B3a`

LB ● 106

1. die Genialität	A. die Weiterentwicklung	1. [G]
2. das Vorbild	B. hier: das Fach / die Fachrichtung	2. [ ]
3. die Ressource	C. ein mit Mühe erzieltes Ergebnis	3. [ ]
4. der Fortschritt	D. das Muster oder Beispiel, dem man folgt	4. [ ]
5. die Errungenschaft	E. hier: wie etwas funktioniert / die Funktionsweise	5. [ ]
6. die Disziplin	F. das Mittel für die Produktion	6. [ ]
7. das Prinzip	G. die schöpferische Kraft	7. [ ]

b Formulieren Sie Sätze mit den Wörtern aus 2a. Nutzen Sie dabei die Vorgaben.

1. im Vergleich – erscheinen – Errungenschaften – Mensch – zur Natur – bescheiden

    Im Vergleich zur Natur erscheinen die Errungenschaften des Menschen bescheiden.

2. heute – sparsam – es – wichtig – sein – mit – Ressourcen – umgehen

3. auf – viele technische Gebiete – enorm – Mensch – Fortschritte – machen

4. in – Bionik – Ingenieure – gestalten – Anwendungen – nach – Vorbild – technisch – Natur

5. Genialität – bestehen – natürlich – in – Erkennen – Prinzipien – von – ihre Übertragung – und – auf – Technik

③ Strategien trainieren: richtig abkürzen

a Jemand hat für Sie während der Reportage Notizen gemacht. Leider bleiben die Inhalte unklar. Suchen Sie im Arbeitsbuch 11B, 2c, die entsprechenden Stellen und korrigieren Sie die Abkürzungen. Lesen Sie ggf. den Tipp im Arbeitsbuch, 7D, 3.

`AB: B 2c`

Natur: unerschöpfl. Reserv. einf. Lösg.

1. Natur:
    uner. Re. ein. Lö.

2. Forschung:
    Prin. hin. Kon. d. Na.

3. Konstruktionen:
    Eff. b. max. Aus. v. En. u. Ma.

4. Bionik:
    in ein. D. Gen. d. Na.

b Formulieren Sie mithilfe der Ausdrücke im Schüttelkasten die Notizen aus 3a zu ganzen Sätzen aus.

1. bieten | 2. zielen auf | 3. faszinieren durch | 4. basieren auf

1. *Die Natur bietet ein unerschöpfliches Reservoir einfacher Lösungen.*

2.

3.

4.

C Naturkatastrophen

1 Welche Naturkatastrophe ist gemeint?

(W) **a** Lesen Sie die Kurzmeldungen und korrigieren Sie sie.
Passen Sie ggf. den Artikel an. `LB: C1`

1. Als Folge der wochenlangen Regenfälle ist im Süden Kolumbiens ein ganzes Dorf unter einem Haufen Schlamm und Geröll begraben worden. ~~Die Dürre~~ *Der Erdrutsch* .... forderte eine solch hohe Zahl von Opfern, weil die Bewohner Warnungen, zu dicht an dem Berg zu siedeln, immer wieder ignoriert hatten.

2. Bei ~~Erdrutschen~~ .... im Norden Portugals sind am Wochenende erneut 15 Menschen verletzt worden. Sie waren der Aufforderung zur Evakuierung nicht nachgekommen, weil sie ihr Haus vor den Flammen retten wollten.

3. Von einer ~~Überschwemmung~~ .... sind in den österreichischen Alpen zwölf Bergsteiger verschüttet worden. Die Urlaubergruppe, die abseits der markierten Pfade unterwegs war, konnte sich jedoch selbst aus den Schneemassen befreien.

4. Während die Menschen im Norden Europas darauf warten, dass sich der Sommer endlich einmal von seiner besten Seite zeigt, stöhnen die Bewohner der Mittelmeerküsten unter den Folgen der derzeitigen ~~Unwetter~~ ....: Einschränkungen beim Duschen sind das wenigste; die Landwirte müssen um die diesjährige Ernte fürchten.

5. Ein ~~Waldbrand~~ .... ist mit Orkangeschwindigkeit über Teile Norddeutschlands hinweggefegt. Häuser wurden abgedeckt, Strommasten knickten um und die wenigen, die sich vor die Türe wagten, hatten Mühe, sich auf den Beinen zu halten.

6. Die Flutwelle, die seit Wochen von Süden kommend die Menschen an der Oder in Atem hält, ist nun auch im Norden Polens angekommen. Angesichts der ~~Lawine~~ .... muss die Feuerwehr Schlauchboote einsetzen, um die Bewohner aus den höher gelegenen Stockwerken ihrer Häuser in Sicherheit zu bringen.

(V) **b** Lesen Sie die Kurzmeldungen in 1a noch einmal. Wie ist das in den Texten in 1a ausgedrückt? `LB: C3`

1. eine Aufforderung nicht befolgen: *einer Aufforderung nicht nachkommen* ....
2. nicht auf den markierten Wegen: ....
3. einen guten Eindruck machen: ....
4. nicht umfallen: ....
5. Die Katastrophe tötete viele: ....
6. Die Welle wird von den Menschen mit Spannung verfolgt. ....

(V) **c** Zwei weitere Kurzmeldungen waren nur im Radio zu hören. Ein Kursteilnehmer hat sich Notizen gemacht. Finden Sie die 7 Fehler und korrigieren Sie sie.

A

Vulkan:
heißen Gaswolken
Menschen aufgeruft
im Häusern zu bleiben

B

Kältewele in Russland:
mind. 27 Todopfer
Tempraturen bei minus 32 grad

A. heiße Gaswolken, ...

....

D Klimawandel

1 Zitate in der indirekten Rede – Der Konjunktiv I

(w) a Lesen Sie die Sätze, die Zeitungsüberschriften in „indirekter Rede" wiedergeben. Markieren Sie die Konjunktiv-I-Formen und schreiben Sie sie in die Tabelle. **AB: D1b**

1. Wie die Zeitschrift „Lux" schreibt, sei ein klimaneutrales Deutschland noch bis 2050 möglich.
2. Die Zeitung „CO_2-Report" schreibt, die Erwärmung führe nicht zu mehr Wetterextremen.
3. Nach Angaben der NASA sei 2013 das siebtwärmste Jahr seit 1880 gewesen.
4. Die Zeitschrift „Geo" zitiert Studien, nach denen der Klimawandel die Ozeane verändern werde.
5. Wie die „SZ" berichtet, könne ein neuer Energiemix die Erderwärmung bremsen.
6. Wie der „Spiegel" vorrechnet, habe der Klimawandel Schäden in Billionenhöhe verursacht.
7. Nach Informationen der „NZZ" wolle sich Kanada aus dem Kyoto-Protokoll zurückziehen.

	Konjunktiv I (Aktiv)
Präsens	sei, …
Präsens mit Modalverb	
Vergangenheit	
Futur I	

(w) b Ergänzen Sie in den Schlagzeilen die Verbformen der direkten Rede (Indikativ). Die Informationen aus den Zeitungsüberschriften aus 1a können Ihnen helfen.

1 Klimaneutrales Deutschland _ist_ bis 2050 möglich

2 Erwärmung .... nicht zu mehr Wetterextremen

3 NASA: 2013 .... siebtwärmstes Jahr seit 1880

4 Klimawandel .... die Ozeane verändern

5 Neuer Energiemix .... Erderwärmung bremsen

6 Klimawandel .... Billionenschäden verursacht

7 Kanada .... sich aus dem Kyoto-Protokoll zurückziehen

(w) c Vergleichen Sie die Aussagen (Konjunktiv I) in der Tabelle in 1a mit den Überschriften (Indikativ) in 1b. Was fällt auf? Ergänzen Sie den Tipp.

1. Folgende Formen sind sowohl im Indikativ als auch im Konjunktiv I zweiteilig:
   Futur I,

2. Will man eine Aussage im Indikativ mit zwei Verbteilen im Konjunktiv I wiedergeben, ändert sich nur der .... Verbteil (Hilfsverb / Modalverb), z. B.
   1. Kanada **will** sich … zurückziehen. → Kanada **wolle** sich … zurückziehen.
   2. Der Klimawandel **wird** … verändern.→ Der Klimawandel **werde** … verändern.
   3. Strom **ist** unbezahlbar geworden. → Strom **sei** unbezahlbar geworden.

2 Der Fragebogen – Indirekte Rede im mündlichen Sprachgebrauch (Konjunktiv II)

(W)

100 Schülerinnen und Schüler haben einen Fragebogen zum Thema „Klimaschutz" ausgefüllt. Geben Sie die Antworten mit der indirekten Rede im Konjunktiv II wieder. Lesen Sie dazu noch einmal die Regel im Arbeitsbuch, 11 D, 2 b. `AB: D2b`

1. Wie kommst du zur Schule?
   a. zu Fuß gehen: 19 Schüler / innen
   b. mit dem Fahrrad fahren: 24 Schüler / innen
   c. den Bus nehmen: 45 Schüler / innen
   d. mit dem Auto kommen: 12 Schüler / innen

2. Habt ihr Solarzellen auf dem Dach?
   a. ja – 35 Schüler / innen
   b. nein – 65 Schüler / innen

3. Wie oft in der Woche isst du Fleisch?
   a. nie – 7 Schüler / innen
   b. 1 – 2 mal – 17 Schüler / innen
   c. 3 – 4 mal – 31 Schüler / innen
   d. 5 – 7 mal – 43 Schüler / innen

4. Was machst du mit elektrischen Geräten (z. B. Computer oder Fernseher) nach dem Gebrauch?
   a. Ich schalte das Gerät ganz ab. – 59 Schüler / innen
   b. Ich schalte es auf „stand-by". – 29 Schüler / innen
   c. Ich lasse es laufen. – 12 Schüler / innen

1. *a. 19 Schüler/innen gaben an, sie würden zu Fuß zur Schule gehen. / (...) sie gingen zu Fuß zur Schule.*

2.

3.

4.

3 Der Waldkindergarten – Indirekte Rede in Zeitungsartikeln

(V)

Lesen Sie den Artikel und ergänzen Sie die Konjunktiv-Formen der indirekten Rede. Achten Sie auf die richtige Zeitform.

Kassel. Am 1. April nimmt in Kassel ein neuer Waldkindergarten seine Arbeit auf. Das Konzept zur frühkindlichen Umweltbildung stammt aus Skandinavien. Nach ersten privaten Initiativen entstand 1993 in Deutschland der erste staatlich anerkannte Kindergarten. Man [1a] *habe* das Angebot [1b] *erweitert* (erweitern), so die Leiterin Elke Möller, weil die Nachfrage interessierter Eltern sehr groß [2] .... (sein). Das Besondere an dieser Form der Kinderbetreuung ist, dass die Erzieher den ganzen Tag mit den Kindern in der Natur verbringen. Dies [3] .... (führen) dazu, so die Leiterin weiter, dass die Kinder schon früh ein tieferes Verständnis für die Natur [4] .... (entwickeln). Außerdem [5] .... (werden) die Fantasie und Kreativität der Kinder dadurch angeregt, dass ihnen zum Spielen hauptsächlich Naturmaterialien zur Verfügung [6] .... (stehen). Wenn der Kindergarten am Mittwoch seine Pforten öffnet, dann erobern 16 Kinder ihren Platz zum Spielen in der freien Natur, nach dem Motto: „Es gibt kein schlechtes Wetter, nur die falsche Kleidung."

Antje Lauterbach (26.03.2015)

E Energie aus der Natur

① Wortschatz: Energiequellen

(W) Wie heißen die Komposita? Ergänzen Sie die Wortteile aus dem Schüttelkasten und notieren Sie den Artikel. **LB: E1**

| -energie̶ | -energie | -kraft | -masse | -schutz | -stoff | -verbrauch | -wärme |

1. _die_ Solar _energie_   3. .... Brenn..............   5. .... Erd..........   7. .... Bio..........

2. .... Primär..........   4. .... Energie..........   6. .... Klima..........   8. .... Wasser

② Wortfeld „Energiewende"

(V) Lesen Sie die Definitionen und setzen Sie aus den Silben die gesuchten Begriffe zusammen. **LB: E2**

| anlage̶ | Aus | bar | bau | Be | ef | Ein | Er | erneuer | fizient | kraft̶ | konven | spar | tionell | treiber | ung | Wind̶ | zeuger |

1. Windenergiepark: _Windkraftanlage_   5. Vergrößerung, Erweiterung: ....

2. reduzierter Verbrauch: ....   6. hier: Synonym für „Produzent": ....

3. Nomen zu „betreiben": ....   7. hier: kann wieder neu gewonnen werden: ....

4. auf bekannte Art und Weise: ....   8. ein Nutzen wird mit minimalem Aufwand erreicht: ....

③ Unglaublich, oder? – „wollen" und „sollen" in der Wiedergabe von Informationen

(W) a Lesen Sie die Ankündigung aus einer Fernsehzeitschrift und kreuzen Sie an: Welche Bedeutung haben die markierten Sätze? **LB: E4**

Als Hans G. den elterlichen Bauernhof übernahm, war für den Landwirt klar: Jetzt würde sich der Traum von der „Selbstversorger-Existenz" realisieren lassen. Davon soll er schon als kleiner Junge geträumt haben. Nach zwei Jahren hatte er endlich die notwendigen Umstellungen vorgenommen. Er will nun der einzige Landwirt im Kreis Oldenburg sein, der vollständig klimaneutral wirtschaftet. Doch wie ist ein Leben ohne jede Belastung der Umwelt möglich? Um dies aufzuklären, besuchte ihn unser Kamerateam für eine Dokumentation.

Satz 1:

a Man sagt, dass er schon als kleiner Junge davon geträumt hat.

b Er hat als kleiner Junge schon davon geträumt.

Satz 2:

a Er möchte der einzige klimaneutral wirtschaftende Landwirt im Kreis Oldenburg sein.

b Er behauptet, der einzige klimaneutral wirtschaftende Landwirt im Kreis Oldenburg zu sein.

(W) b Der Reporter (R) hat an einigen Aussagen des Landwirts (L) Zweifel. Geben Sie diese mit den Modalverben „wollen" oder „sollen" wieder.

1. **L:** „Ich wasche mich nur mit gebrauchtem Wasser". **R:** _Er will sich nur mit gebrauchtem Wasser waschen._

2. **L:** „Meine Wollpullover trage ich 3 Wochen." **R:** ....

3. **L:** „Ich ernähre mich nur von dem, was Feld und Schafzucht hergeben." **R:** ....

4. **L:** „Das Wasser in der Quelle ist im letzten Jahr um drei Meter gesunken." **R:** ....

5. **L:** „Dafür ist der übertriebene Verbrauch der Anwohner verantwortlich." **R:** ....

F Ernährung – natürlich?

1 Rund um Lebensmittelzutaten – Adjektive und ihr Gegenteil

(W) Ordnen Sie den Antonymen die Wörter aus dem Schüttelkasten zu. Arbeiten Sie ggf. mit dem Wörterbuch. **LB: F2b**

brisant | erntefrisch | haltbar | harmlos | künstlich | nachhaltig | naturschonend | raffiniert | reflexartig | unbedenklich

1. beruhigend ≠ *brisant*

2. natürlich ≠ ....

3. verschwenderisch ≠ ....

4. tiefgefroren ≠ ....

5. verderblich ≠ ....

6. gefährlich ≠ ....

7. simpel, einfach ≠ ....

8. bedenklich ≠ ....

9. überlegt ≠ ....

10. umweltbelastend ≠ ....

2 Frau Siebertz im Originalton

(V) Geben Sie die Aussagen von Frau Siebertz aus der Reportage im Lehrbuch, 11 F, 2 b, Zeilen 65 – 80, in der direkten Rede wieder.

Monika Siebertz: „Robins Eltern würden sich dieser Forderung sofort anschließen, da bin ich mir sicher."

....

....

....

....

....

....

....

3 Richtig schreiben: e [e]- und ä [ɛ]-Laute differenzieren

(V) a Lesen Sie den Tipp und ergänzen Sie die Wörter mit dem fehlenden Vokal bzw. Umlaut.

> Bei der Differenzierung von gleich klingenden e- und ä-Lauten hilft die folgende Faustregel:
> kurzer Vokal = „e" / langer Vokal = „ä"
> Ausnahme: Dehnung durch „-ee" und einige Plural-Umlaute:
> Wand – Wände, Brand – Brände, Hand – Hände, Stand – Stände

1. Refl_e_x

2. Himb___rjoghurt

3. N___hrstoffe

4. Qu___lle

5. Erkl___rung

6. Sortim___nt

7. sch___digen

8. konv___ntion___ll

9. Vorst___llung

10. Ern___hrung

11. Windr___der

12. F___lder

13. n___mlich

14. Keramikgef___ße,

15. Überschw___mmung

16. pat___ntiert

17. St___mme

18. Kl___tte

(V) b Diktieren Sie Ihrem Lernpartner / Ihrer Lernpartnerin 6 Wörter aus 3 a und notieren Sie die Wörter, die er / sie Ihnen diktiert hat, in Ihr Heft.

A Sprachlos

1 Wortschatz: Gruß- und Glückwünsche

(V) Wählen Sie zu den verschiedenen Situationen einen passenden Gruß oder (Glück-) Wunsch. **AB: A 2 a – c**

> Alles Gute nachträglich! | ~~Bis später! / Bis dann!~~ | Danke gleichfalls. / Dir / Ihnen auch! | Gute Erholung! |
> Hals- und Beinbruch! | Schönen Abend! / Schönen Feierabend! | Mahlzeit! | Mein herzliches Beileid! /
> Herzliches Beileid! | Toi, toi, toi! | Viel Vergnügen! / Viel Spaß!

1. Sie verabschieden sich von jemandem und wissen beide, dass Sie einander noch am selben Tag wiedersehen.
   Bis später! / Bis dann!

2. Ihr Kollege geht am Wochenende Ski fahren. ....

3. Sie verabschieden sich am Ende des Arbeitstages. ....

4. Sie gratulieren einem Geburtstagskind verspätet. ....

5. Sie erfahren vom Tod einer Person, die Ihrem Gesprächspartner nahestand. ....

6. Ihrem Gesprächspartner steht eine Prüfung / ein Bewerbungsgespräch bevor. ....

7. Ihr Kollege erzählt Ihnen, dass er in Urlaub / zur Kur fährt. ....

8. Ihr Kommilitone geht an diesem Abend ins Kino. ....

9. Sie grüßen Kollegen in der Mittagspause im Vorbeigehen. ....

10. Jemand wünscht Ihnen „Frohe Weihnachten". Sie wissen: Er selbst feiert auch dieses Fest.
    ....

2 Sprachlos – „aus" oder „vor" Angst? – Kausale Präpositionen

(W) **a** Markieren Sie die richtige Präposition zur Angabe von Gründen. Falls Sie unsicher sind, lesen Sie den Tipp im Arbeitsbuch 1 E, 3 a, noch einmal. **LB: A1a**

1. <u>Dank / Vor</u> Schreck wird diese Person kreidebleich und kann gar nichts sagen.   Person: *D*

2. <u>Wegen / Vor</u> Freude über ein überraschendes Lob oder Geschenk ist die Person immer sprachlos.   Person: ....

3. <u>Aus / Vor</u> Angst, jemanden offen zu kritisieren, sagt er / sie lieber gar nichts.   Person ....

4. Wenn ganz allgemein etwas Überraschendes geschieht, weiß diese Person nicht, was sie sagen soll,   Person ....
   z. B. <u>vor / wegen</u> Glück.

(W) **b** Lesen Sie die Aussagen im Lehrbuch 12 A, 1 a, noch einmal. Welche Aussage passt zu den Beschreibungen in 2 a? Schreiben Sie den Buchstaben für die Person oben rechts in 2 a.

(W) **c** Ergänzen Sie nun wahlweise „aus", „vor", „dank", „wegen" in den Sätzen. Einmal gibt es zwei Lösungen.

1. Manchmal sind Menschen *wegen* ihrer fehlenden Sprachkenntnisse unsicher, was sie sagen sollen.

2. .... Zorn bekommen selbst die friedlichsten Menschen manchmal Aggressionen.

3. Aber .... ihrer Vernunft tragen diese Menschen ihre Aggressionen nicht in Form von körperlicher Gewalt aus.

4. .... Angst, eine falsche Antwort zu geben, schweigen viele Schüler.

5. Manchmal treffen Menschen .... Verzweiflung übereilte Entscheidungen.

6. .... Neid wird man sogar manchmal grün. Ein Sprichwort sagt das jedenfalls.

7. Haben Sie schon einmal .... Wut gekocht?

8. .... Erleichterung über die gelungene Premiere konnte er endlich wieder gut schlafen.

3 Richtig schreiben: Doppelpunkt, Apostroph oder Auslassungspunkte?

(v) **a** Lesen Sie den Tipp zur Zeichensetzung und markieren Sie die Regeln. `LB: A3a–b`

- Der **Doppelpunkt** steht
  a. vor wörtlicher Rede , wie z.B. Er sagte: „Ich habe …"
  b. vor Aufzählungen (z.B. Paula war schon in vielen Ländern der Welt: USA, Indien, Australien, Frankreich …),
  Angaben (z.B. in Formularen: Alter: …, Adresse: …), Erläuterungen (z.B. Das Gedicht hat folgende Bedeutung: …)
  c. vor Sätzen, die das Gesagte zusammenfassen bzw. eine Schlussfolgerung daraus ziehen (z.B. Der Artikel lässt
  sich wie folgt zusammenfassen: …).
  Nach einem Doppelpunkt wird das erste Wort eines Satzes großgeschrieben.
  Klein wird geschrieben, wenn der folgende Satz kein ganzer Satz ist, z.B., bei Aufzählungen, Angaben in
  Formularen o.Ä.

- Der **Apostroph** zeigt an, dass in einem Wort ein oder mehrere Buchstaben ausgelassen worden sind.
  Man kann einen Apostroph setzen, wenn gesprochene Sprache mit Auslassungen aufgeschrieben wird und sonst
  schwer verständlich ist: So 'n Quatsch! (für: So ein Quatsch!) Nimm 'nen anderen Käse. (für: Nimm einen anderen
  Käse.) Fahren S' 'nauf! (für: Fahren Sie hinauf!) Sie hat g'nug. (für: Sie hat genug.) Das lag auf'm Tisch! (für: Das lag
  auf dem Tisch!) Ihr geht in 'n Zoo? (für: Ihr geht in den Zoo?)
  Man setzt einen Apostroph bei Wörtern mit Auslassungen im Wortinneren: Ku'damm (Kurfürstendamm), A'dam
  (Amsterdam)
  Der Apostroph steht nur bei Namen im Genitiv, die auf „s, ss, ß, tz, z, x, c" enden und keinen Artikel o.Ä. bei sich
  haben, z.B. Klaus' Gesicht, Max' Freund, aber: der Freund von Max

- **Drei Auslassungspunkte** zeigen an, dass in einem Wort, Satz oder Text Teile ausgelassen worden sind oder der
  Sprecher eine Pause gemacht hat: „So ein M…!" „Ich glaube … ja."
  Auslassungspunkte setzt man beim Zitieren, wenn man nicht die gesamte Textstelle zitiert, z.B. Er sagte: „Ich habe
  keine Zeit, … und vor allem kein Geld." Bei wissenschaftlichen Texten werden sie dann auch in Klammern gesetzt. […]

(v) **b** Lesen Sie noch einmal den Songtext von Annett Louisan im Lehrbuch 12 A, 3 b,
und notieren Sie die Wörter mit Apostroph mit allen Buchstaben.

ich krieg' – ich kriege,

(v) **c** Ergänzen Sie Doppelpunkt, Apostroph oder drei Auslassungspunkte.

1. Alter ___:___ 33 Jahre
2. Er fuhr in D____dorf (Düsseldorf) schneller als erlaubt _____ 80 km/h
3. Gestern hatte ich einfach keine Zeit, für den Test zu lernen _____ zuerst Schule,
   dann Schwimmtraining, Gitarrenstunde und Hausaufgaben bis kurz vorm Schlafengehen.
4. Sie dachte _____„Wenn ich doch nur nicht solche Prüfungsangst hätte!"
5. Lass mich dir Folgendes sagen _____ Dieser Plan funktioniert nicht.
6. Klemens _____ Stimme bebte.
7. Seine Gestik, seine Mimik, seine Körperhaltung _____ Alles drückte seine Verzweiflung aus.
8. Habt ihr _____ ne Ahnung, was das bedeutet? Wir kapier _____ n das nicht.
9. Viele Märchen enden mit den Worten: „Und wenn sie nicht gestorben sind _____"

B Nichts sagen(d)

① Worüber darf man reden? – Small Talk in Deutschland

Ⓦ **a** Lesen Sie den ersten Teil des Auszugs eines Karriereratgebers im Lehrbuch 12 B, 2 a, noch einmal. Welches Adjektiv passt in den Kontext der folgenden Aussagen? `LB: B 2 a ▸`

1. Man sollte in einer Small-Talk Situation nicht <u>verbissen / gesund</u> schweigen, sondern nett plaudern.

2. Und natürlich kann man in Gesprächen <u>unterschiedlicher / persönlicher</u> Meinung sein.

3. Aber in jeder Unterhaltung sollte der <u>seriöse / gesunde</u> Menschenverstand aller Gesprächspartner regieren.

4. Viele Themen sind beim Small Talk in Deutschland ein <u>absolutes / spannendes</u> Tabu, z. B. die politische Lage.

5. Denn schließlich erfordert die noch fehlende Vertraulichkeit, dass man sich einander <u>vorsichtig / gut</u> annähert.

6. Bei dem <u>absoluten / geringsten</u> Anflug von Unsicherheit bei der Themenwahl sollte man ein echtes Small-Talk-Thema anschneiden.

Ⓦ **b** Lesen Sie den zweiten Teil des Auszugs aus dem Karriereratgeber im Lehrbuch 12 B, 2 a. Ergänzen Sie die passenden Adjektive in der richtigen Form.

befreundet	edel	entscheidend	heikel	neidisch	oberflächlich	tiefschürfend	~~vergnügt~~	vornehm

1. *vergnügte* .... Menschen   4. eine .... Vernissage   7. .... sein

2. ein .... Blick   5. .... Bemerkungen   8. .... kennen

3. .... sein   6. ein .... Thema   9. eine .... Tasche

② Andere informieren: kurz und bündig

Ⓦ Hier sind die Verben in den Redemitteln durcheinandergeraten. Korrigieren Sie sie. `LB: B 2 b ▸`

1. die Textsorte benennen:

    a. Bei diesem Text ~~geht es um~~ *handelt es sich um* einen Auszug aus einem Karriereratgeber zum Thema …

2. das Thema eines Ausschnittes nennen:

    a. Dieser Textausschnitt aus einem Karriereratgeber ~~handelt es sich um~~ .... …

    b. In diesem Textausschnitt ~~ist~~ .... …

    c. Die Hauptaussage dieses Auszugs ~~handelt von~~ .... …

3. Beispiele nennen:

    a. Das ~~ist~~ .... mich an …

    b. Ein (weiteres) Beispiel dafür ~~eingefallen~~ .... …

    c. Wenn man das liest, ~~erinnert~~ .... man an …

    d. Als ich das gelesen habe, ist mir … ~~denkt~~ ....

4. die eigene Meinung äußern:

    a. Ich ~~halte~~ .... die Ansicht des Autors (nicht).

    b. Dem kann ich nur / (überhaupt) nicht ~~teile~~ ....
      denn meiner Meinung nach …

    c. Die Meinung des Autors ~~zustimmen~~ .... ich
      für …, weil …

C Die Kunst der leichten Konversation

1 Alles klar zum Thema „Small Talk"?

(W) Was bedeuten folgende Wortverbindungen? Finden Sie die passende Erklärung. AB: C1 ▶

1. die Flucht ergreifen	A. versuchen, jmds. Aufmerksamkeit zu gewinnen	1. [F]
2. zustande kommen	B. jmds. Verhalten, Aussehen, Arbeit etc. als positiv bewerten	2. ☐
3. zur Sache kommen	C. eine Fragestellung von allen Seiten betrachten	3. ☐
4. eine Beziehung aufbauen	D. das eigentliche (wichtige) Gesprächsthema behandeln	4. ☐
5. Blickkontakt aufnehmen	E. Zeit u.a. investieren, z.B. in eine Freundschaft	5. ☐
6. einer Frage nachgehen	F. fliehen, wegrennen	6. ☐
7. Komplimente machen	G. stattfinden, manchmal unter schwierigen Bedingungen	7. ☐

2 Beim Small Talk auf einer Geburtstagsparty – Angaben im Nachfeld

(W) a Formulieren Sie mithilfe des Wortmaterials Sätze aus einem Small Talk und stellen Sie den passenden Satzteil ins Nachfeld. LB: C3a–c + AB: C4 ▶

1. Herr K.: *Gehen Sie auch so regelmäßig ins Fitnessstudio wie unser Jubilar?*
   (Sie – auch – so – gehen – regelmäßig – wie – ins Fitnessstudio – unser Jubilar ?)

2. Frau B.: Nein. ....
   (Sport treiben – ich – in der Natur – und zwar – Laufen – Skifahren – und)

3. Herr K.: ....
   (gehen – Ihnen – es – mir – wie – da – also meist)

4. Frau B.: ....
   (halten – also – Sie – auch – von Geräten – nichts, – die – bestimmte Muskeln – nur – trainieren ?)

5. Herr K.: ....
   (sein – das – vor allem – eins – können: – langweilig – sehr)

6. Herr K.: ....
   (denken – man – dabei – an – nur – messbare Werte – nicht an – Entspannung in der Natur – und)

7. Frau B.: ....
   (genießen – dann – Sie – auch – lieber – die Natur – als – denken – an Fitness – zu – immer nur ?)

8. Herr K: Ja. ....
   (man – leichter – bleiben – so – werden – gesund und fit, Sie – finden – nicht ?)

(W) b Übertragen Sie die Sätze aus 2a in die Satzbautabelle.

Position 1	Position 2	Mittelfeld	Satzende	Nachfeld
1. Gehen	Sie	auch so regelmäßig ins Fitnessstudio		wie unser Jubilar?
2. Ich ...				
3.				
4.				
5.				
6.				
7.				
8.				

c Schauen Sie sich die Sätze aus 2b noch einmal genau an. Welcher Teil steht im Nachfeld? Notieren Sie aus dem Schüttelkasten.

> Angaben nach Doppelpunkt | Ausdrücke wie „und zwar", „das heißt", „nicht wahr?" | Präpositionalergänzung | Relativsatz | Vergleich

1. Vergleich, 2. ...

D Mit Händen und Füßen

1 Über Kommunikation ohne Worte – Internationalismen

a Ordnen Sie den Verben aus dem Lehrbuch 12 D, 2 a, eine Erklärung zu. **LB: D2a**

1. kommunizieren mit	A. etwas als Anregung oder Beispiel (für etwas Eigenes) nehmen	1. E
2. signalisieren	B. etwas steht für etwas / ist ein Zeichen für etwas	2.
3. sich orientieren an + D.	C. versuchen, die Bedeutung von etwas herauszufinden und zu beschreiben / etwas deuten	3.
4. symbolisieren	D. auf etwas hindeuten / zeigen / offenbaren	4.
5. interpretieren	E. sich verständigen, mit jemandem sprechen	5.

b Suchen Sie im Artikel „Macht ohne Worte" im Lehrbuch 12 D, 2 a, die Sätze mit folgenden Verben und schreiben Sie sie um. Nutzen Sie dazu die Umschreibungen bzw. Synonyme aus 1 a.

1. kommunizieren mit: *(Zeile 1) „Wenn Menschen zusammen sind, verständigen sie sich miteinander, auch wenn sie nicht sprechen."*

2. signalisieren:

3. sich orientieren an + D.:

4. symbolisieren:

5. interpretieren:

2 Ein Wissenschaftler schreibt für eine Zeitung – Relativsätze

a „was" oder „wo(r)-"? Markieren Sie in den Sätzen das passende Relativpronomen. **LB: D3a + AB: D3a**

1. Vieles von dem, was / wovon der Wissenschaftler geschrieben hat, war sehr interessant.

2. Für eine Zeitung zu schreiben war etwas, worin / wobei er noch nicht besonders erfahren war.

3. Das, was / worauf die Leser hofften, war eine Übersicht von Mimik und Gestik anderer Kulturen.

4. Das war auch das Einzige und Dringendste, wofür / worum der Chefredakteur ihn gebeten hatte.

5. Alles, was / woran er wollte, war, einen guten Artikel zu schreiben.

6. Die Leser haben aber manches, was / worüber er im Artikel beschrieben hatte, nicht verstanden.

7. In vielen Mails wollten die Leser daher wissen, was / worum es in seinem Artikel ging.

8. Etwas, was / woran er noch arbeiten muss, ist also eine verständliche Sprache.

b Formulieren Sie mithilfe des Artikels im Lehrbuch 12 D, 2 a, die Aussagen nach folgendem Satzmuster.

> sich kulturspezifisch unterscheiden kann | man Erfolg oder Misserfolg erzielen kann | einem verrät, wie jemand
> gelaunt ist | man als die modernste Form der menschlichen Verständigung bezeichnen kann | Hilfe man die
> Stimmung einer Person ablesen kann | man alle Beachtung schenken müssen | sich Menschen unterschiedlicher
> Kulturen unterscheiden | Funktion schon viel geforscht wurde

1. Nonverbale Kommunikation ist …   etwas | nichts | …

   a. *etwas*   , was *sich kulturspezifisch unterscheiden kann.*

   b. ...., womit ....

   c. ...., über dessen ....

   d. ...., was ....

   e. ...., worin ....

   f. ...., dem ....

2. Die Gesichtszüge eines Menschen sind oft   das Erste | das | …

   a. ...., was ....

   b. ...., mit dessen ....

(v) c Lesen Sie den Tipp. Kombinieren Sie die beiden Aussagen zu einer
   Satzverbindung mit Relativsatz und notieren Sie sie in Ihr Heft wie im Beispiel.

> Nennt der erste Satz den Grund
> für das Geschehen im Relativsatz,
> verwendet man „weshalb" oder
> „weswegen" als Relativpronomen.

1. Leider wissen nicht alle, wodurch der erste Eindruck eines Menschen
   bestimmt wird. Deshalb achten sie mehr auf ihre Worte als auf andere
   wichtige Dinge wie Kleidung, Gestik etc.
2. Endlich kennt er die Körpersignale des arabischen Kulturkreises. Das hilft ihm sehr dabei, niemanden unbewusst
   zu beleidigen.
3. Ich hatte ihn mit meiner Mimik verletzt. Im Nachhinein ärgerte ich mich sehr darüber.
4. In verschiedenen Kulturen gibt es eigene Systeme von nonverbalen Botschaften. Bei Unkenntnis des
   entsprechenden Kulturkreises führt das leicht zu Missverständnissen.
5. Grundlegende Gefühle lösen Studien zufolge ähnliche nonverbale Signale aus. Daher ist die Gefahr, dass sie
   missverstanden werden, nicht besonders groß.
6. Paul hat den Artikel mit großem Interesse gelesen. Er will daher unbedingt einen Kurs in nonverbaler Kommunikation
   besuchen.

1. Leider wissen nicht alle, wodurch der erste Eindruck eines Menschen bestimmt wird, weshalb sie mehr auf ihre

Worte achten als auf andere wichtige Dinge wie Kleidung, Gestik etc.

(v) d Lesen Sie den Tipp im Lehrbuch 12 D, 3 d, noch einmal und ergänzen Sie die Relativpronomen „wer", „wen", „wem" oder
   „was". `LB: D 3 b + AB: D 3 b – d`

1. *Wer*   ins Ausland geht, der sollte sich gut vorbereiten.

2. Das Erste, ... man tun sollte, ist, sich über Land und Leute zu informieren.

3. .... es interessiert, dem hilft ein interkulturelles Training.

4. .... das zu anstrengend ist, der beginnt zunächst mit dem Erlernen der Sprache.

5. .... das Vokabellernen schwerfällt, der wiederholt den neuen Wortschatz am besten täglich.

6. .... im Ausland arbeiten möchte, der kann sich bei der internationalen Arbeitsagentur melden.

7. .... das Fernweh lockt, der sollte sich schnell entscheiden.

8. Das Tollste, ... man erreichen kann ist, sich in seiner neuen Heimat zu Hause zu fühlen.

(w) **e** Lesen Sie die Regel 2 im Lehrbuch 12 D, 3 b, noch einmal. In welchen der Sätze aus 2 d kann das Demonstrativpronomen „der" wegfallen?

Sätze: _1,_ ....

(w) **f** Lesen Sie den Small Talk am Strand und ergänzen Sie „wo", „woher", „wohin" bzw. Präposition und Artikel. **AB: D3e–f**

> Nach lokalen Adverbien verwendet man die Relativpronomen „wo", „woher", wohin", z.B. Ich möchte irgendwohin, wo es warm ist.

Er: Im nächsten Jahr reise ich irgendwohin, [1] _wo_ .... nur wenige Leute ihren Urlaub verbringen.

Sie: Warum das denn?

Er: Ist doch ganz klar: Auf dem Weg dorthin, [2] .... die meisten Touristen unterwegs sind, gibt es regelmäßig Staus, überfüllte Rastplätze und Tankstellen an der Autobahn. Das erlebt man doch immer wieder. Deswegen möchte ich in ein Land, [3] .... es nur wenige Urlauber gibt.

Sie: Ach so … Und ich verstehe gar nicht, wie jemand dort Urlaub machen möchte, [4] .... es viele der eigenen Landsleute auch hinzieht. Ich bin immer froh, auf Reisen irgendwo zu sein, [5] .... ich meinem Nachbarn oder Kollegen nicht begegne. Das ist mir am wichtigsten.

Er: Mein Motiv ist eher: Der Urlaub soll nicht erst am Urlaubsort beginnen, sondern bereits dort, [6] .... ich mich auf den Weg mache.

Sie: Na dann, viel oder mehr Vergnügen auf der nächsten Urlaubsreise in ein „Nicht-Urlaubsland", [7] .... es angenehm und menschenleer ist! Vergessen Sie aber bloß nicht, vorher an einem Kurs in nonverbaler Kommunikation teilzunehmen. Dann können Sie sich wenigstens mit Händen und Füßen verständigen, falls es mit der Sprache nicht klappt …

Er: Woher kommen Sie eigentlich, wenn ich fragen darf?

Sie: Aus Deutschland, [8] .... zum Glück kaum Touristen hier zu uns an den Strand kommen.

(v) **g** Verbinden Sie die Satzteile mit den passenden Relativpronomen.

> was (3x) | wem | wen | wer | weshalb | weswegen | wo | wobei | wohin | worüber

Als Midori nach Deutschland kam, wusste sie nicht, [1] _was_ ...... sie erwartete. In Japan hatte sie viel Interessantes über Deutschland gehört [2] .... sie in Deutschland studieren wollte. Aber ihre Sprachkenntnisse waren bei ihrer Ankunft nicht so gut, [3] .... sie beschlossen hatte, viel mit den Deutschen zu reden. Sie lebte in einer deutschen Kleinstadt, [4] .... sie schnell Kontakt zu ihren netten Nachbarn hatte. Sie waren sehr interessiert und wollten wissen, woher Midori kam. Aber im Gespräch mit den Nachbarn, auf der Straße oder an der Uni, wusste sie oft nicht, [5] .... die Leute meinten und [6] .... die Leute sprachen. Auch das Sprechen fiel Midori schwer. Ihre Nachbarn verstanden oft nicht, [7] .... sie sagen wollte. [8] .... noch große Sprachprobleme hat, der sollte noch einen weiteren Sprachkurs besuchen. Und das tat Midori. Aber [9] .... ein Sprachkurs nicht reicht, der besucht ein interkulturelles Training. Und auch das machte sie. Aber Midori wollte mehr … Eines Tages wurde sie in einen Kochkurs eingeladen, [10] .... sie mit Begeisterung ging. Ihre Teilnahme an diesem Kochkurs brachte sie auf eine Idee. Midori selbst wollte ihre japanische Kochkunst weitergeben…und so gab sie selbst Kochkurse für Deutsche [11] .... sie viel Deutsch lernte. Egal, [12] .... man fragte, alle waren begeistert von Midoris Küche und ihren Deutschkenntnissen.

E Der Ton macht die Musik

1 Sich beschweren – (k)ein Problem?

(W) **a** Ergänzen Sie die Redemittel mithilfe des Wortmaterials aus dem Schüttelkasten. `LB: E 2c + AB: E1a`

> angehen | entscheidend | erwarten | Forderung | ~~Frechheit~~ | Punkt | Sinne | unangemessen |
> ungeheuerlich | unterstreichen | wünschen

1. Ich halte es für eine *Frechheit* ...., dass …

2. Ich würde mir ...., dass …

3. Ich finde es ...., dass …

4. Ich möchte ...., dass …

5. Es kann doch nicht ...., dass …

6. .... ist für mich …/, dass …

7. Der .... ist für mich, dass …

8. Ich finde es ...., dass …

9. Ich ...., dass …

10. Meine .... lautet daher: …

11. Es kann doch nicht im .... + G./von sein, dass …

(W) **b** Sortieren Sie die Redemittel aus 1a in folgende Rubriken. Manchmal gibt es mehrere Lösungen.

persönliche Einschätzung	Ausdruck von Ärger
	Ich halte es für eine Frechheit, dass …
etwas hervorheben	**etwas verlangen**

F Wer wagt, gewinnt

1 Sich in der Prüfung sprachlich zu helfen wissen – Redemittel

(W) Korrigieren Sie die Verben in den Redemitteln und ordnen Sie sie dann in die Tabelle unten ein. `AB: F1e`

> bedeuten (3x) | einfallen | erklären | meinen (2x) | nennen | sagen (2x) | verstehen | wiederholen

1. ~~Nennt~~ das so etwas Ähnliches wie …? *Bedeutet das so etwas Ähnliches wie …?*

2. Könnten Sie das bitte noch einmal ~~sagen~~? ....

3. Mir ~~erinnert~~ im Moment das Wort nicht. Wie ~~sagt~~ man es, wenn …? ....

4. Könnten Sie bitte ganz kurz ~~klären~~, was das ~~meint~~? ....

5. Ich ~~bedeute~~ so ein Ding, mit dem man … ....

6. Ich habe das nicht ganz ~~gehört~~. Was haben Sie gerade ~~gesprochen~~? ....

7. Wie ~~nennt~~ man noch mal, wenn …? ....

8. ~~Meint~~ das so etwas wie …? ....

9. Sie ~~sagen~~ also … ....

fragen, ob man etwas richtig verstanden hat	um Wiederholung / Erklärung bitten	Begriffe umschreiben / sagen, dass man ein Wort nicht kennt
1,…		

参考答案 Lösungen

Lektion 1 – 1A Reisen

1a 2. -bus • 3. -dokumente • 4. Dienst- • -kosten • 5. Bus- / Flug- • Flug- / Bus- • 6. -gruppe • Ab- • 7. -fieber • 8. -veranstalter • 9. -apotheke • 10. Ein- • -pass • 11. Bildungs- • 12. -route • 13. -führer

1b der Reisebus, die Reisedokumente / das Reisedokument, die Reisekosten, die Reisegruppe, das Reisefieber, der Reiseveranstalter, die Reiseapotheke, der Reisepass, die Reiseroute, der Reiseführer

2a/b A: 2. das Satzzeichen • 3. die Stofffarbe / Stoff-Farbe • 4. die Abbuchung • 5. Mitteilung • 6. die Schwimmmeisterschaft / Schwimm-Meisterschaft • B: 1. der Schlusssatz / Schluss-Satz • 2. die Sommerreise • 3. das Betttuch / Bett-Tuch • 4. die Kulturreise • 5. die Kongressstadt / Kongress-Stadt • 6. die Stranddecke

3 2. Geist • Vorurteilen • 3. Himmel • 4. Schildkröten • 5. rennst • versteht • 6. Gedanken

4 *Mögliche Lösungen:* 2. Städtetour • 3. Wellnessurlaub • 4. Natur • 5. Privatpension • 6. Einzelzimmer • 7. im Reisebüro • 8. zu zweit / in der Gruppe / mit anderen

1B Urlaubsreisen

1 2. Gipfelglück • 3. Herbstwochen • 4. Hüttenerlebnisse • 5. Leistungsfähigkeit • 6. Nationaltheater • 7. Ruhebereich • 8. Rundgang • 9. Saunawelt • 10. Tagesausflug • 11. Teilnehmeranzahl • 12. Trekkingtour • 13. Überlebenstraining • 14. Urlaubsort • 15. Verwöhnpension • 16. Wassergymnastik • 17. Wellnessurlaub • 18. Wüstenfahrt

2 2a/b. mich ausruhen • 3a. mich • 3b. bewegt • 4. Bewegung • 5. Sport • 6. sportlich • 7. entspannen • 8. Entspannung • 9. Aktivitäten • 10. aktiv

3 2. reserviert • 3. entspannen • 4. beobachten • 5. verfügt • 6. veranstalten • 7. beenden

1C Reiseplanung

1a B. erklären • C. Ansicht • D. verstanden • E. Vorschlag • F. stimmt • G. verstehe • H. einerseits • I. recht • J. gemeinsame

1b 2C • 3G • 4I • 5D • 6F • 7B • 8E • 9J • 10H

2a

Pos. 1	Pos. 2	Mittelfeld	Satzende
2. Seine Freundin Eva	mag	nicht für so lange Zeit in die Ferne	reisen.
3. Eine kurze Reise	würde	ihr viel besser	gefallen.
4. Sie	möchte	am liebsten eine zweiwöchige Schiffsreise	machen.
5. Die beiden	können	nach langen Gesprächen zum Glück eine Einigung	erzielen.
6. Sie	werden	erst im nächsten Jahr gemeinsam	verreisen.
7. Beide	wollen	in diesem Sommer Urlaub mit Freunden	machen.

2b

Pos. 1	Pos. 2	Mittelfeld	Satzende
2. Für so lange Zeit	mag	seine Freundin Eva nicht in die Ferne	reisen.
3. Ihr	würde	eine kurze Reise viel besser	gefallen.
4. Am liebsten	möchte	sie eine zweiwöchige Schiffsreise	machen.
5. Nach langen Gesprächen	können	die beiden zum Glück eine Einigung	erzielen.
6. Erst im nächsten Jahr	werden	sie gemeinsam	verreisen.
7. In diesem Sommer	wollen	beide Urlaub mit Freunden	machen.

2c

Pos. 1	Pos. 2	Mittelfeld	Satzende
2. Am liebsten	würde	Herr Müller einen Wanderurlaub in den Alpen	machen.
3. Mit Freunden	hat	seine Tochter Marie eine Sprachreise nach Spanien	gebucht.
4. Ihr Bruder Tom	wird	die Ferien in einem Tenniscamp	verbringen.
5. Seine Frau Thea	will	mit ihm in die Berge	fahren.
6. Dort	wird	sie aber einen Wellnessurlaub	machen.

3

Hauptsatz		Nebensatz	
1. ...,	dass	die Familie zusammen Urlaub	macht.
2. Tom möchte nicht in die Berge,	weil	er Wandern	hasst.
3. Marie kann ihr Spanisch verbessern,	wenn	sie eine Sprachreise	macht.

Nebensatz			Hauptsatz
1. ...	... zusammen Urlaub	macht,	möchten Herr und Frau Müller.
2. Weil	Tom Wandern	hasst,	möchte er nicht in die Berge.
3. Wenn	Marie eine Sprachreise	macht,	kann sie ihr Spanisch verbessern.

1D Mobilität im globalen Dorf

1a 2C • 3H • 4G • 5B • 6A • 7D • 8F

1b 2. Z. 23 • 3. Z. 5 – 8 • 4. Z. 11 – 15 • 5. Z. 8 – 11 • 6. Z. 19 – 22

1c *Mögliche Lösungen:* 2. Dagegen spricht, dass Urlaub auf dem Balkon keine Abwechselung zum Alltag bietet. • 3. Ein wirklich negativer Aspekt ist, dass man zu viel Hausarbeit macht. • 4. Dagegen spricht auch, dass nur Lesen sehr langweilig ist. • 5. Es besteht die Gefahr, dass man oft einfach vor dem Fernseher sitzt.

1E Wenn einer eine Reise tut …

1a 2. H, H; denn • 3. N, H; da • 4. H, H; Daher • 5. H, N; weil • 6. H, H; nämlich • 7. H, H; deshalb

1b **Verbindungsadverb:** nämlich • daher • deshalb • **Nebensatzkonnektor:** da • **Konjunktion (Hauptsatzkonnektor):** denn

1c 2. Er hat diesen Auftrag bekommen, da er ein sehr erfahrener Fotograf ist. • 3. Weil er einige Urlaubstage anhängen möchte, reist er danach weiter ans Meer.

2 2. Der Abflug wurde um einen Tag verschoben. Deshalb musste er auf dem Flughafen übernachten. • 3. Er bekam auch seinen Anschlussflug nicht mehr. Daher verpasste er einen wichtigen Termin. • 4. Er konnte auch den Geburtstag seiner Freundin Nora nicht feiern. Deswegen war sie verärgert. • 5. Sein Beruf machte Nora unglücklich, darum verließ sie ihn.
3 2. aufgrund • 3. Aus • 4. Dank • 5. vor

1F Arbeiten, wo andere Urlaub machen
1 2. denn • 3. nämlich • 4. deswegen • 5. Daher • 6. dank • 7. Wegen • 8. Daher • 9. weil • 10. Aufgrund
2a 2. Urlaubsstimmung • 3. planen • Urlaub • 4. Urlauber • 5. in den Urlaub fahren • 6. Urlaubsgeld • 7. Urlaub verschieben • 8. Urlaubsantrag … einzureichen • 9. nehme … Urlaub • 10. war … im Urlaub • 11. Urlaubsgrüße • 12. Urlaubsadresse • 13. Urlaubsanspruch • 14. urlaubsreif • 15. Urlaubsvertretung
2b 2. Foto • 3. Möglichkeiten • 4. Briefmarken • 5. Postkasten • 6. erspart • 7. Postkarte • 8. kostenlos • 9. Bildausschnitt • 10. Zeichenanzahl • 11. eingeben • 12. bezahlen • 13. Postkartenformat • 14. frankiert • 15. erhält • 16. ausländische • 17. vertraute • 18. Zeichnung

Lektion 2 – 2A Einfach schön
1 *Mögliche Lösungen:* 2. – – • 3. ++ • 4. ++ • 5. ++ • 6. + • 7. – – • 8. ++ • 9. ~ • 10. – • 11. + • 12. – – • 13. –
2a 2C • 3H • 4B • 5F • 6D • 7E • 8A
2b 2. Gutes Aussehen • 3. Trendsetter • 4. andere beeindrucken will • 5. irgendwelchen Schnickschnack zu kaufen • 6. zerknitterte Kleidung • 7. nur das Beste kaufen

2B Schön leicht?
1a 1. **-los:** erfolglos, einfallslos, respektlos, schmerzlos, geschmacklos, wertlos, lieblos • 2. **-reich:** erfolgreich, einfallsreich, einflussreich • 3. **-voll:** respektvoll, geschmackvoll, wertvoll, liebevoll
1b 2. erfolgreich • 3. wertvoll • 4. fantasievolle • 5. liebevoller • 6. respektvoll • 7. geschmackvollen

2C Schönheitskult
1 2. … Models als Vorbilder zu nehmen. • 3. … mein Aussehen zu akzeptieren. • 4. … gesund zu leben und sich selbst zu akzeptieren. • 5. … graue Haare und Falten zu bekommen. • 6. … ab morgen täglich joggen zu gehen. • 7. … jeden Tag mit einem Lächeln zu beginnen.
2a Infinitivsätze: … die Schule nicht beendet zu haben. • … darüber mit ihren Eltern gestritten zu haben. • … diese unglaubliche Chance bekommen zu haben. • … schon in den tollsten Städten der Welt gewesen zu sein. • … schon mit 16 Jahren erwachsen geworden zu sein. • … eine „normale" Jugend verpasst zu haben. • Regel: "sein" oder "haben"
2b *Mögliche Lösungen:* 2. Sie ist froh, dreimal geheiratet zu haben. • 3. Sie ist traurig, keine Kinder bekommen zu haben. • 4. Sie ist glücklich darüber, lange im Ausland gelebt zu haben. • 5. Sie bereut es nicht, ihren schwerkranken Mann gepflegt zu haben. • 6. Sie erinnert sich oft daran, mit 80 eine große Geburtstagsparty gehabt zu haben.
3a 2. Ich kann bestätigen, vom Geschmack meiner Eltern beeinflusst zu werden. • 3. Viele Leute finden es schlimm, von anderen kritisiert zu werden. • 4. Schönen Menschen gefällt es gut, fotografiert zu werden. • 5. Weniger attraktive Menschen haben das Gefühl, wegen ihres Aussehens nicht beachtet zu werden.
3b 2. … gezwungen worden zu sein • 3. … geliebt worden zu sein • 4. … gelobt worden zu sein
4 **Infinitivsatz im Aktiv (vorzeitig):** Partizip Perfekt + „zu" + Infinitiv von „haben" oder „sein" • **Infinitivsatz im Passiv (gleichzeitig):** Partizip Perfekt + „zu" + „werden" • **Infinitivsatz im Passiv (vorzeitig):** Partizip Perfekt + „worden" + „zu" + „sein"
5 3. … genießt es, schon als Jugendliche entdeckt worden zu sein. • 4. … liebt es, immer im Mittelpunkt zu stehen. • 5. … bereut es nicht, nicht studiert zu haben. • 6. … glaubt nicht, von ihrem Agenten bei den Gagen betrogen worden zu sein. • 7. … findet es langweilig, zusammen mit ihrer Schwester in eine Talkshow eingeladen worden zu sein.
6 2. daran • 3. davon • 4. dazu • 5. damit • 6. dafür

2D Schöne Diskussionen
1a 1c • 2a • 3b • 4c • 5b
1b 2. Es steht außer Frage, dass Sport gut für die Gesundheit ist. • 3. Sicher wird das Bewusstsein für gesunde Ernährung wachsen. • 4. Unter Umständen erleichtert Attraktivität den beruflichen Aufstieg. • 5. Ich nehme an, dass viele Allergiker Bio-Kleidung kaufen.

2E Was ist schön?
1a die Augenfarbe • die Haarfarbe, die Haarstruktur • die Hautaufhellung, die Hautfarbe, die Hautoperation, der Hautton, die Hautschicht, die Hautstruktur • die Kopfbedeckung, die Kopfoperation, die Kopfweite • die Lebensfreude • die Oberschicht, die Oberweite, der Oberton • das Schlanksein • das Schönheitsideal, die Schönheitsoperation, der Schönheitstrend • der Sonnenschirm • die Wunschfigur
1b 2. eine Kopfbedeckung • 3. einen Sonnenschirm • 4. Hautaufhellung • 5. Schönheitsideal • 7. Hautton • 8. Oberschicht • 9. Haarstruktur • 10. einem Schönheitstrend • 11. Wunschfigur • 12. die Oberweite • 13. Schlanksein • 14. Lebensfreude
2a 2. Wie lange jubelten die Fans? • 3. Warum jubelten die Fans? • 4. Weshalb siegte die Mannschaft? • 5. Wie jubelten die Fans? • 6. Mit wem jubelten die Fans? • 7. Wo jubelten die Fans? • 8. Bis wohin jubelten die Fans?
2b 2. Sie entschied sich schließlich zur Entspannung für einen Wellnessurlaub. • 3. Sie recherchierte sorgfältig im Internet nach einem passenden Angebot. • 4. Sie fuhr zwei Monate später voller Vorfreude ins Allgäu. • 5. Sie wurde freundlich mit einem Glas Sekt im Wellnesshotel empfangen. • 6. Das Wellnessprogramm startete schon am ersten Abend mit einer entspannenden Massage. • 7. Die zwei Wochen Urlaub vergingen aufgrund des vielseitigen Programms viel zu schnell. • 8. Sie wird diesen Urlaub im nächsten Jahr wegen des tollen Erholungseffekts wiederholen.
2c 2. Zur Entspannung entschied sie sich schließlich für einen Wellnessurlaub. • 3. Im Internet recherchierte sie sorgfältig nach einem passenden Angebot. • 4. Voller Vorfreude fuhr sie zwei Monate später ins Allgäu. • 5. Im Wellnesshotel wurde sie freundlich mit einem Glas Sekt empfangen. • 6. Mit einer entspannenden Massage startete das Wellnessprogramm schon am ersten Abend. • 7. Aufgrund des vielseitigen Programms vergingen die zwei Wochen Urlaub viel zu schnell. • 8. Im nächsten Jahr wird sie diesen Urlaub wegen des tollen Erholungseffekts wiederholen.

3a 2. morgen Abend • 3. Korrekt. • 4. Guten Morgen • 5. am Abend • 6. Korrekt. • 7. vorgestern Nacht • 8. morgen früh/ morgen Früh

3b 2. gegen Mittag • 3. Am Abend • 4. Donnerstagnachmittag • 5. morgens • 6. zu Abend • 7. mittwochabends • 8. heute früh

4 1. T • 2. S (nicht operieren) • 3. T (nicht realistisch) • 4. T (nicht bei diesem Fitnessstudio) • 5. S (interessiert nicht) • 6. T (Nicht meinen Freunden) • 7. S (verstehe nicht) • 8. S (sagt überhaupt nicht zu)

5 2. Schöne Menschen haben nirgends Probleme: … • 3. Manche Menschen können ohne Schönheitsoperation nicht glücklich werden. • 4. Das Aussehen meiner Freunde bedeutet mir nichts. • 5. Ich kenne niemanden, der mit seinem Aussehen 100 % zufrieden ist. • 6. Ich trage weder Make-up noch die neuesten Trends – so fühle ich mich gut. • 7. Bevor ich aus dem Haus gehe, werfe ich nie einen Blick in den Spiegel. • 8. Nein, ich kenne keinen. • 9. Mein Freund findet das neue Topmodel ziemlich ungewöhnlich.

2 F (Un)Schöne Momente

1a 1. äußerst, besonders, extrem, total, unglaublich, wirklich, ziemlich • 2. recht, vergleichsweise, verhältnismäßig

1b *Mögliche Lösungen:* 2. total • 3. wirklich • 4. unglaublich • ziemlich • 5. äußerst • 6. besonders • extrem

Lektion 3 – 3 A Freundschaft

1 *Mögliche Lösungen:* Freundschaftsgeschenk • Männerfreundschaft • freundschaftlich • Freundin • Schulfreund/ Schulfreundin • befreundet sein • sich anfreunden mit • unfreundlich • Unfreundlichkeit • kinderfreundlich • Kinderfreundlichkeit

2a fröhlich • großzügig • humorvoll • nachdenklich • optimistisch • reich • verständnisvoll

2b unfreundlich • traurig • ungesellig • kleinlich • humorlos • unintelligent/dumm • denkfaul • pessimistisch • unordentlich • unpünktlich • arm • unruhig • unsportlich • verständnislos • unzuverlässig

3 2. die Hilfsbereitschaft • 3. die Sensibilität • 4. die Intelligenz • 5. das Verständnis • 6. der Fleiß

4 2G • 3H • 4E • 5F • 6B • 7I • 8A • 9D

3 B Vereine

1 2. diesen • 3. welcher • 4. einem • 5. der • 6. dem • 7. einen • 8. dieser • 9. zum • 10. ein • 11. der

2a 2. Dazu • 3. darauf • 4. daran • 5. darüber

2b 2. Worauf liefert die Diskussion keine Antwort? • 3. Worüber muss beim nächsten Mal noch gesprochen werden? • 4. Wobei sollten alle mitmachen? • 5. Wozu gibt es viele offene Fragen?

2c 2. dazu • 3. davon • 4. wobei • 5. Darin • 6. mit ihm • 7. an ihn • 8. darauf

2d 1. Abstrakta, Sachen: 2, 3, 4, 5, 8 • 2. Personen/Institutionen: 6, 7

3 C Nebenan und gegenüber

1a 2. Nachbarn • 3. Lift • 4. unterhielten • 5. Cafeteria • 6. eingeladen • 7. gezeigt • 8. Gesetze • 9. Küche • 10. Putzplan • 11. eintragen • 12. beschriften • 13. gebeten • 14. Prüfung • 15. Kopfhörer

1b D • G

1c 1c • 2b • 3c • 4c • 5a

3 D Eltern und Kinder

1 2. E • 3. A, J • 4. C, F • 5. D, G, I

2a 2. nachdem • 3. Immer wenn • 4. Sobald • 5. Bevor • 6. Während • 7. seitdem • 8. bevor • 9. Bis

2b 1g • 2. v • 3. g • 4. v • 5. n • 6. g • 7. g • 8. n • 9. n

2c 2. Nachdem unsere Eltern sich getrennt hatten, suchte unsere Mutter sofort einen Vollzeitjob. • 3. Wenn unsere Mutter arbeitete, war ich mit meiner Schwester Ina allein zu Hause. • 4. Während wir die Hausaufgaben und den Haushalt machten, spielten die Nachbarskinder im Hof. • 5. Bevor unsere Oma zu uns zog, hatten wir keine Zeit für Freunde oder Hobbys. • 6. Während unsere Oma für uns sorgte, ging es uns allen viel besser.

2d 2. Sooft • 3. Sobald • 4. Bis • 5. Nachdem

2e 2. Sooft/Wenn er altes Spielzeug auspackte, fielen ihm seine alten Freunde ein. • 3. Als er sein Elternhaus besuchte, dachte er den tollen Sommer 1990. • 4. Sooft/Wenn er sich mit seiner ehemaligen Frau traf, stritten sie über die Scheidungsgründe. • 5. Als er seine ehemalige Schulkollegin wiedersah, verliebten sie sich ineinander.

2f 1. 1 • 3. 2 • 4. 1 • 5. 2

2g 2. Sie hatte bis zu ihrer Hochzeit bei ihrer Großmutter gewohnt. • 3. Seine Eltern unterstützten ihn nicht mehr seit dem Studienbeginn. • 4. Es hat lange bis zur Verarbeitung ihrer Probleme gedauert. • 5. Vieles hat sich verändert seit ihrem Umzug in eine eigene Wohnung.

2h 2. Unsere Eltern trennten sich, daraufhin suchte unsere Mutter sofort einen Vollzeitjob. • 3. Unsere Mutter arbeitete, währenddessen war ich mit meiner Schwester Ina allein zu Hause. • 4. Wir machten die Hausaufgaben und den Haushalt, gleichzeitig spielten die Nachbarskinder im Hof. • 5. Unsere Oma zog zu uns, vorher hatten wir keine Zeit für Freunde oder Hobbys. • 6. Solange unsere Oma für uns sorgte, ging es uns allen viel besser.

3 2. Sooft • 3. Nachdem • 4. während • 5. Seitdem • 6. Als • 7. Daraufhin • 8. bevor • 9. bei

3 E Verliebt, verlobt, verheiratet – geschieden

1 2. Von 1985 bis 1995 ist die Anzahl der Eheschließungen um ca. 66 000 angestiegen. • 3. Seit dem Jahr 2005 nimmt die Anzahl der Ehescheidungen wieder ab. 4. Ab 2005 sind langsam wieder weniger minderjährige Kinder von Scheidungen betroffen.

2 2E • 3A • 4B • 5D • 6H • 7F • 8G

3 F Außenseiter

1 2. Bezugspersonen • 4. autoritär • 5. nachgiebiges • 6. Folgeerscheinung • 7. Kontaktaufnahme • 8. Beziehungen • 9. Teufelskreis • 10. Fällen • 11. Verhalten • 12. schüchtern • 13. Ablehnung • 14. Reaktion • 15. Einzelgänger • 16. Anpassung • 17. Hilfe • 18. Isolation • 19. Meinung • 20. Kontakt • 21. Hochbegabte • 22. Zufall

2a 1. größten • 2. Vorträge • -wälder • -städten • 3. älteste • jüngste • stärksten • schwächer • 4. Fängst • Bälle • fällt

2b 2. waren • 3. hätten • 4. würden • 5. fanden • 6. kämen • 7. durften • 8. müssten • 9. konnten • 10. möchten

2c 1. **sollen:** du solltest • du solltest • 2. **wollen:** ihr wolltet • ihr wolltet

2d 1. andächtig, Andenken, ändern, anders, Änderung •
2. Dame, damit, dämlich, dämmen, dämmrig, Dampf • 3. Los,
löschen, Lösegeld, losen, lösen, Lösung

Lektion 4 – 4A Dinge

1a die Beere, -n • das Brot, -e • der Brotkorb, ⸚e • das Brötchen, – •
das Ei, -er • der Eierbecher, – • das Glas, ⸚er • der Kaffee, -s • der
Käse (kein Plural) • der Löffel, – • das Messer, – • die Marmelade,
-n • die Milch (kein Plural) • das Müsli, -s • die Kiwi, -s • die Traube,
-n • der Orangensaft, ⸚e • der Schinken, – • die Schale, -n • die
Serviette, -n • die Tasse, -n • der Teller, – • die Wurst, -e

1b *Mögliche Lösungen:* Auf dem Foto sieht man einen Frühstückstisch. Vorne steht ein Teller. Unter dem Teller liegt eine
Serviette. Auf dem Teller ist ein Brötchen mit Marmelade.
Rechts neben dem Teller steht eine Tasse Kaffee. In der Mitte des Tisches stehen ein Teller mit Wurst und Käse und eine
Schale Müsli. Links neben der Müslischale steht ein Eierbecher mit einem Frühstücksei. Hinter dem Eierbecher steht ein
Salzstreuer. Hinten rechts steht ein Korb mit Brötchen. Links
hinten liegt das Brot. Zwischen dem Brotkorb und der Müslischale steht ein Glas Orangensaft. Das Foto wirkt einladend.
Es macht Lust auf ein langes Frühstück am Sonntagmorgen.

2 2C • 3A • 4B • 5H • 6J • 7D • 8F • 9G • 10E

3 1a • 2b • 3a • 4b • 5b • 6a • 7b

4B Die Welt der Dinge

1 2. stilvoll • 3. kinderlos • 4. erfolgreich • 5. sorgenfrei •
6. ehrlich • 7. humorvoll • 8. verständnisvoll • 9. phantasielos •
10. rücksichtsvoll • 11. konfliktarm • 12. harmonisch • 13. mutig

2 … und daher kalorienarm. Das Gebäck ist sehr gesund,
denn es ist salzarm, dafür aber ballaststoffreich und vitaminreich. Da die Kekse zuckerfrei sind, sind sie die idealen Süßigkeiten für Kinder. Man kann sie ihnen auch bedenkenlos als
Pausensnack in den Kindergarten oder die Schule mitgeben,
denn sie sind sehr energiereich und somit perfekt für das
Frühstück geeignet.

3a Adjektiv + Adjektiv: hochgeistig, hochprozentig, kleingeis-
tig, neureich, superreich, superschnell, tieftraurig • **Nomen +
Adjektiv:** kinderfreundlich, kinderreich, lebensfähig, lebens-
lustig, lebensmüde, leistungsbereit, leistungsfähig, leistungs-
orientiert, sonnengelb, todmüde, zuckersüß • **Verb + Adjektiv:**
arbeitsbereit, arbeitsreich, arbeitswillig, fahrbereit, lernfähig,
lernfreudig, lernwillig, schreibfaul, spielfreudig, spielsüchtig

3b 2. fahrbereit • 3. superschnell • 4. sonnengelb • 5. kinderfreundlich • 6. tieftraurig • 7. arbeitsfähig • 8. todmüde

4 2. … er ist instabil • 3. … es ist misslungen • 4. … er war
unhöflich • 5. … er war inkompetent • 6. … sie ist unverständ-
lich • 7. … es ist ungeeignet

4C Die Beschreibung der Dinge

1a 1. **Der Milchwächter:** 2. rechtzeitiges • 3. überkochender •
4. einigen • 5. originellen • 6. ausführlichen • 7. großer •
8. vielen • 9. überkochendem • 2. **Die „Flotte Lotte":** 2. siebar-
tigen • 3. kleinen • 4. feines • 5. vitaminreiche • 6. fruchtige •
7. witzigen • 8. deutschen • 9. schnelle • 3. **Die Kochkiste:** 2. nütz-
lichen • 3. große • 4. schweren • 5. heißen • 6. fertig • 7. heiß •
8. großen • 9. berufstätigen • Regeln: 1a • 2b

1b Foto A: 3 • Foto B: 1 • Foto C: 2

2 2. süß • 3. jünger • 4. bekanntesten • 5. besser •
6. dunkler • 7. meisten • 8. krankhaften

3a 2. wohlhabenden • 3. ungeliebte • 4. jüngeren • 5. große /
größte • 6. vielen • 7. kostbare • 8. öffentliche • 9. begeisterter •
10. bedeutender

3b 3. kein anderer • viele seltene 4. alle interessanten •
5. finanzieller • manche bekannte • 6. diese fehlenden • andere schöne • 7. Seine große / größte • der kulturwissenschaft-
lichen • 8. großzügiger / großzügigster • die deutsche • 9. seine
schönen / schönsten

4 2. ursprüngliche • 3. tägliche • 4. praktische • 5. moderne •
6. neuesten • 7. scharfen • 8. geeignetes • 9. hochwertiges •
10. rostfreiem • 11. entsprechenden • 12. unterschiedlichsten •
13. rundlichen • 14. kurzen • 15. künstlichen

4D Die Macht der Dinge

1a 2. vernachlässigen • 3. erschreckend • 4. greifen • 5. starren •
6. konzentrieren • 7. ausgeschaltet • 8. Psyche • 9. erforscht •
10. Diagnose • 11. anfällig • 12. Therapie

1b Markiert werden : … die ihre Babys vernachlässigen. • …
die beim Fahren im dichten Verkehr ganze Mails tippen. • …
die wir auf den Mini-Bildschirm starren. • … das selbst nachts
nicht ausgeschaltet wird, … • … den man mehr und mehr beobachten kann, … • … die noch genauer untersucht werden
müssen. • …, deren Persönlichkeitsentwicklung noch nicht
abgeschlossen ist, … • … das eigene Verhalten zu verändern.

	Maskulinum	Neutrum	Femininum	Plural
Nom.	der	das	die	die
Akk.	den	das	die	die
Dat.	dem	dem	der	denen
Gen.	dessen	dessen	deren derer	deren derer

2a 2. einen Freund, dessen • 3. ein Handy, … dem • 4. Leute,
die • 5. ein Smartphone, dessen • 6. eine Erkrankung, die •
7. wenigen, deren

2b 2. Sie hat einen Freund. Sein Handy ist nie ausgeschaltet. •
3. Ein Smartphone ist ein Handy. Man kann mit ihm auch im Internet surfen. • 4. In der U-Bahn sitzen viele Leute. Sie spielen
mit ihrem Handy. • 5. Er besitzt ein Smartphone. Die Tastatur
des Smartphones ist zu klein für seine Finger. • 6. Die „Handysucht" ist eine Erkrankung. Diese Erkrankung ist noch nicht
offiziell anerkannt. • 7. Ich bin einer der wenigen. Ihr Handy
ist älter als 10 Jahre.

2c 2. In vielen Unis, die die Bedeutung der Smartphones erkannt haben, gibt es kostenloses WLAN. • 3. Per Smartphone
melden sich die Studenten für das Seminar an, das sie belegen
wollen. • 4. Studenten, denen das wichtig ist, können auch ihre
Prüfungsergebnisse einsehen. • 5. Sie können das Fachbuch,
das sie sehr dringend brauchen, unkompliziert in der Bibliothek ausleihen. • 6. Sie setzen sich schnell mit einem Professor, dessen Hilfestellung sie benötigen, in Verbindung. • 7. Sie
recherchieren für ihre Präsentation, die sie für ein Seminar
vorbereiten müssen. • 8. Oder sie verabreden sich spontan mit
Kommilitonen, mit denen sie in einer Arbeitsgruppe sind.

4E Die Ordnung der Dinge

1a 2. sich erkundigen nach + D. • 3. antworten auf + A. •
4. arbeiten an + D. / arbeiten mit + D. • 5. sich ärgern über + A. •
6. warten auf + A. • 7. anrufen bei + D. • 8. sich austauschen
über + A. / sich austauschen mit + D. • 9. sich gewöhnen an + A.

1b 2. auf die • 3. auf die • 4. über die • 5. auf das • 6. bei der •
7. an deren • 8. über die • über deren • 9. an die

4 F Die Präsentation der Dinge

1a 2. Präsentation • 3. Publikum • 4. guten • 5. motivieren • 6. zuzuhören • 7. sorgt • 8. rund • 9. stimmig • 10. daher • 11. besonders • 12. sorgfältig
1b 1a • 2b • 3b • 4a
2 2. leichtfällt • 3. sichergehen • 4. bloßstellen • 5. wichtigtun • 6. hoch halten • 7. gutgehen

Lektion 5 – 5 A Arbeit

1a **-voll:** mühevoll • sinnvoll • verantwortungsvoll • wertvoll • **-reich:** erfolgreich • hilfreich • ideenreich • **-bewusst:** pflichtbewusst • schuldbewusst • verantwortungsbewusst
1b 2. kreativ • 3. fleißig • 4. gründlich • 5. sorgfältig • 6. aktiv • 7. teamfähig • 8. innovativ • 9. tätig • 10. eigeninitiativ
2 **Standardsprache:** angestellt sein, arbeiten, beschäftigt sein, tätig sein • **Umgangssprache:** aushelfen, jobben

5 B Welt der Arbeit

1 2A • 3G • 4C • 5D • 6E • 7H • 8F
2a Nicht enthalten sein sollten die Punkte 9 und 10.
2b Im Text A fehlen der Titel des Artikels, die Angabe der Autoren, die Quelle und das Veröffentlichungsdatum des Artikels. Deshalb ist Text B besser gelungen.

5 C Arbeiten auf Probe

1a 1b • 2b • 3a • 4a • 5b • 6a
1b 2. wurde eingestellt / Präteritum • 3. ist angestellt worden / Perfekt • 4. war vereinbart worden / Plusquamperfekt • 5. wird übernommen werden / Futur I • 6. werden beschäftigt / Präsens
2 3. Jeden Morgen wird die Praktikantin von der Sekretärin in ihre Aufgaben eingewiesen. • 4. Korrekt. (Agens: den Studenten) • 5. Die Studenten werden also von vielen Firmen ausgenutzt. • 6. Doch Erika Kube wurde von dem Team schon oft mit anspruchsvollen Arbeiten beauftragt. • 7. Korrekt. (Agens: die Sekretärin)
3a 1b. … wird mit dem Kellner gescherzt. • 1c. … wird gespeist. • 2a. … wird kopiert. • 2b. … wird telefoniert. • 2c. … wird über Kollegen gesprochen. • 3a. … wird Protokoll geführt. • 3b. … wird über ein Projekt diskutiert. • 3c. … werden Projektideen vorgestellt.
3b 1b. Es wird mit dem Kellner gescherzt. • 1c. Es wird gespeist. • 2a. Es wird kopiert. • 2b. Es wird telefoniert. • 2c. Es wird über Kollegen gesprochen. • 3a. Es wird Protokoll geführt. • 3b. Es wird über ein Projekt diskutiert. • 3c. Es werden Projektideen vorgestellt.
4a **Präsens:** ihr könnt unterstützt werden • **Präteritum:** es musste erledigt werden • **Perfekt:** es hat erledigt werden müssen • ihr habt unterstützt werden können • **Plusquamperfekt:** es hatte erledigt werden müssen • ihr hattet unterstützt werden können
4b 2. muss … übertragen (Präsens) • 3. sammeln konnten (Präteritum) • 4. haben … erreichen können (Perfekt) • 5. hatten … finden können (Plusquamperfekt)
4c 2. Praktikanten müssen auch schwierige Aufgaben übertragen werden. • 3. Die Statistik zeigt, dass von vielen Studenten bisher nur wenige Berufserfahrungen gesammelt werden konnten. • 4. Bis jetzt hat keine Einigung mit den Betriebsräten erreicht werden können. • 5. Schon letzten Februar hatten keine Kompromisse gefunden werden können.
5a 2. Ist • 3. waren • 4. bist • 5. waren • 6. seid • 7. ist

5b 2. ~~wurde~~ war informiert • 3. eingestellt ~~sein~~ werden • 4. Korrekt. • 5. ~~waren~~ wurden erledigt • 6. ~~war~~ wurde betraut • 7. ~~bin~~ werde eingeladen • 8. erledigt ~~wird~~ ist • 9. ~~ist~~ wird gezahlt
5c 2a. sind • 2b. erfüllt worden • 3a. muss • 3b. verhandelt werden • 4a. werden • 4b. bezahlt • 5a. war • 5b. gefordert worden • 6a. / b. herangezogen wurden • 7a. sind • 7b. gemacht worden • 8a. ist • 8b. erreicht • 9a. können • 9b. erzielt werden

5 D Arbeit gesucht

1a *Mögliche Lösungen:* 2. Mit den Programmen für die Erfassung der Kundendaten bin ich bestens vertraut, da ich mich in meinem Job dazu kontinuierlich weitergebildet habe. • 3. Ich beherrsche neben meiner Muttersprache Portugiesisch auch Englisch und Französisch. Deshalb / Darum / Aufgrund dessen kann ich mir eine Tätigkeit in einem international agierenden Unternehmen sehr gut vorstellen. • 4. Ich beende derzeit meine Masterarbeit. Deshalb / Darum / Aufgrund dessen kann ich Ihnen ab dem 1.10. … zur Verfügung stehen. • 5. Ich habe 20… mein Studium der Wirtschaftswissenschaften erfolgreich abgeschlossen. Außerdem bringe ich bereits praktische Erfahrungen aus einem Nebenjob im Bereich der Abrechnung mit.
1b 2G • 3F • 4H • 5B • 6D • 7A • 8E • 9C

5 E Freude an der Arbeit

1 2. Die Ideen des Chefs lassen sich nicht umsetzen. • 3. Die finanziellen Mittel lassen sich nicht so einfach beschaffen. • 4. Die Kunden lassen sich nur schwer von dem Projekt überzeugen. • 5. Das Projekt lässt sich nicht / unmöglich ohne die Unterstützung der Kollegen organisieren. • 6. Ob das Projekt erfolgreich sein wird, lässt sich nicht vorhersagen. • 7. Unter diesem enormen Druck lässt sich die Arbeit kaum bewältigen.
2a 2. Die Gelder für das Projekt sind zu beschaffen. • 3. Falls nötig, ist Unterstützung aus anderen Abteilungen anzufordern. • 4. Die Kunden sind unbedingt von unserem Vorhaben zu überzeugen. • 5. Während des Projekts ist kein Urlaub zu gewähren. • 6. Bei Problemen sind der Chef und sein Stellvertreter zu informieren. • 7. Das Projekt ist noch vor Jahresende abzuschließen.
2b 2. einsetzbar • 3. vorstellbar • 4. finanzierbar • 5. erreichbar • 6. machbar
2c … Die Kosten sind in der vereinbarten Höhe finanzierbar. Höhere Beträge sind jedoch nicht vorstellbar. Herr Nüßig hat nächste Woche Urlaub, weshalb er nicht, wie geplant, für Kundengespräche einsetzbar ist. Frau Kregel soll seine Vertretung übernehmen. Sobald sie telefonisch erreichbar ist, werde ich Sie darüber informieren. Frau Henze bittet Sie darum, ihr ausnahmsweise nächsten Donnerstag frei zu geben, da für ihre Kinder keine Betreuung organisierbar ist. Ist das machbar? …

5 F Erst die Arbeit, dann das Vergnügen

1a 2G • 3A • 4C • 5E • 6B • 7F • 8H
1b 2. dem Pin • 3. der Büroklammer • 4. dem Locher • 5. der Korrekturflüssigkeit • 6. der Haftnotiz • 7. dem Anspitzer • 8. dem Stempel
2 2. sitzengeblieben, ü • 3. stehenbleiben, ü • 4. stehen bleiben, w • 5. gehen lassen, w • 6. gehenlassen, ü

Lektion 6 – 6 A Streiten oder kooperieren?

1a 2. tolerant • 3. kompromissbereit • 4. dickköpfig • 5. eigensinnig • 6. entgegenkommend • 7. flegelhaft • 8. mitfühlend •

9. selbstkritisch • 10. streitlustig • 11. nachsichtig • 12. verständnisvoll • 13. unhöflich • 14. provokant • 15. taktlos • 16. streitsüchtig
1b 2. p • 3. p • 4. n • 5. n • 6. p • 7. n • 8. p • 9. p • 10. n • 11. p • 12. p • 13. n • 14. n • 15. n • 16. n
2 2A • 3F • 4C • 5D • 6E

6B Konfrontation oder Verständigung?

1a *Mögliche Lösungen:* Auseinandersetzung • Konfliktsituation • Streitigkeiten • Konflikte • Differenzen • Disput • Konfliktpotential • Wortwechsel • Krach • die Streitenden • streitsüchtig • laut werden • streiten • zur Eskalation beitragen • krachen
1b Adjektiv + Nomen: Hochrechnung • Nächstenliebe • Zivilverfahren • **Adverb + Nomen:** Zusammenarbeit • **Nomen + Nomen:** Einfühlungsvermögen • Justizbehörde • Kompromissbereitschaft • Konfliktsituation • Konkurrenzdruck • Meinungsverschiedenheit • Streitsucht • Verhandlungsgeschick • Wortwechsel • **Präposition + Nomen:** Gegenspieler • **Verb + Nomen:** Schlagfertigkeit
1c 1. anfangen, beenden, beilegen, haben • 2. auseinandergehen, leben, liegen • 3. geraten
2 2. erhoffen • 3. erfüllt • 4. erzeugen • 2. sich erhoffen + Akk. • 3. sich erfüllen • 4. erzeugen + Akk.
3a 2. um die • 3. Denn • 4. darum • 5. diese Dinge • 6. keine • 7. aus diesem Grund • 8. Das • 9. eins / dies
3b

rückverweisend	vorwärtsverweisend
2. „um die": Bezug vorher: … Dinge 3. „Denn": Bezug vorher: … um die es sich gar nicht zu streiten lohnt. 5. „diese Dinge": Bezug vorher: … ob man zufrieden, gesund oder glücklich ist, liebt oder geliebt wird? 6. „keine": Bezug vorher: Diese Dinge sind Werte, … 7. „aus diesem Grund": Bezug vorher: der ganze vorherige Satz 8. „Das": Bezug vorher: das Streiten um eine bessere Welt	4. „darum": Bezug später: …, ob man zufrieden… ist, … 9. „dies": Bezug später: … eine saubere Umwelt, Freundschaft, Beziehungen, eine erfüllte Beschäftigung, Liebe und das nötige Kleingeld zum Leben?

6C Streit um jeden Preis

1a Präteritum: 2. du brauchtest • 3. er brachte • 4. sie bekam • 5. es durfte • 6. wir gingen • 7. ihr gabt • 8. sie / Sie fanden • 9. ich hatte • 10. du konntest • 11. er ließ • 12. sie musste • 13. es war • 14. wir wurden • 15. ihr wusstet • 16. sie / Sie wollten • **Konjunktiv II:** 2. du bräuchtest • 3. er brächte • 4. sie bekäme • 5. sie dürfte • 6. wir gingen • 7. ihr gäb(e)t • 8. sie / Sie fänden • 9. ich hätte • 10. du könntest • 11. er ließe • 12. sie müsste • 13. es wäre • 14. wir würden • 15. ihr wüsstet • 16. sie / Sie wollten
1b Konjunktiv II (Gegenwart): 2. wir müssten arbeiten • 3. du könntest mieten • 4. Sie würden sich entschuldigen • 5. er ließe • 6. ihr hättet • 7. es gäbe • 8. sie würde gestört • **Konjunktiv II (Vergangenheit):** 2. du wär(e)st gekommen • 3. er wäre gestört worden • 4. ihr wär(e)t gekündigt worden • 5. sie hätten sich gestritten • 6. wir wären gefahren • 7. man hätte Streit vermieden • 8. er hätte sich nicht beschwert
2a 2a. Wenn er nichts dazu verdienen würde, könnte er die Wohnung nicht bezahlen. • 2b. Würde er nichts dazu verdie-

nen, könnte er … • 3a. Wenn er keinen Schichtdienst hätte, würde er am Nachmittag Kleinmöbel bauen. • 3b. Hätte er keinen Schichtdienst, würde er … • 4a. Wenn Frau Wald keine Kinder hätte, müsste sie nicht zu Hause arbeiten. • 4b. Hätte Frau Wald keine Kinder, müsste sie … • 5a. Wenn ihre Kinder gut schlafen würden, wäre sie mit ihren Projekten nicht im Verzug. 5b. Würden ihre Kinder gut schlafen, wäre sie … • 6a. Wenn Frau Wald und Herr May öfter miteinander sprechen würden, könnten sie gemeinsam eine Lösung finden. • 6b. Sprächen Frau Wald und Herr May öfter miteinander, könnten sie … • 7a. Wenn sich Frau Wald und Herr May einigen würden, ginge Frau Wald nicht zum Anwalt. 7b. Würden sich Frau Wald und Herr May einigen, ginge Frau Wald … • 8a. Wenn Frau Wald und Herr May vor Gericht gehen sollten, würden für alle hohe Kosten entstehen. • 8b. Sollten Frau Wald und Herr May vor Gericht gehen, würden für alle …
2b *Mögliche Lösungen:* 2. Hätte ich eine Uni besuchen dürfen, (dann) hätte ich Medizin studiert. • 3. Wenn ich einen Beruf hätte lernen können, (dann) wäre ich Krankenschwester geworden. • 4. Hätte ich nicht so viele Alltagssorgen gehabt, (dann) wäre ich nicht oft krank gewesen. • 5. Es wäre besser gewesen, wenn ich ein Haus gebaut hätte. Dann müsste ich heute keine Miete bezahlen. • 6. Wenn ich im Urlaub viele Male ins Ausland hätte fahren können, (dann) hätte ich die Welt kennengelernt.
2c 2. Herr M. hat Kleinmöbel bauen wollen. • 3. Herr M. hatte Kleinmöbel bauen wollen. • 4. Der Streit sollte nicht vor Gericht beigelegt werden. • 5. Der Streit hat nicht vor Gericht beigelegt werden sollen. • 6. Der Streit hatte nicht vor Gericht beigelegt werden sollen. • 7. Wenn Herr M. nicht hätte Kleinmöbel bauen wollen, (dann)… • 8. Hätte Herr M. nicht Kleinmöbel bauen wollen, … • 9. Wenn der Streit vor Gericht hätte beigelegt werden sollen, … • 10. Hätte der Streit vor Gericht beigelegt werden sollen, …
2d 2a. Wenn Frau Wald bei ihrer Arbeit zu Hause nicht oft gestört worden wäre, hätte sie keine Aufträge verloren. 2b. Wäre Frau Wald bei ihrer Arbeit zu Hause nicht oft gestört worden, hätte sie … • 3a. Wenn ihre Kinder in dem Gespräch nicht beschimpft worden wären, wäre Frau Wald nicht wütend gewesen. 3b. Wären ihre Kinder in dem Gespräch nicht beschimpft worden, wäre Frau Wald … • 4a. Wenn Frau Walds Anwalt hätte kommen können, hätte er Frau Wald unterstützt. • 4b. Hätte Frau Walds Anwalt kommen können, hätte er … • 5a. Wenn der Fall vor Gericht hätte geklärt werden müssen, hätte Herr Wald den Prozess mit Sicherheit verloren. 5b. Hätte der Fall vor Gericht geklärt werden müssen, hätte Herr Wald …
3a Ausrufezeichen (= A), Fragezeichen (= F), Punkt (= P): 2. F • 3. P • 4. P • 5. P • 6. P • 7. P • 8. P • 9. F • 10. P • 11. A • 12. F • 13. P • 14. P • 15. P • 16. P • 17. P • 18. A • 19. P • 20. P • 21. P

6D Verhandeln statt streiten

1 Konfliktherd: Ort für Konflikte • Spannungsfeld • Arbeitsplatz • **Mitarbeiter:** der Betroffene • der Einzelne • der Untergebene • der Schuldige • **Vorgesetzter:** Teamleiter • Abteilungsleiter
2a *Mögliche Lösungen:* 2. Meiner Ansicht nach sollte der Konflikt erkannt und als nächstes sollten die Argumente abgewägt werden. • 3. Anschließend müssten neue Lösungsvorschläge gemacht werden. • 4. Zum Schluss sollten die Lösungen festgehalten werden.

2b 1b. kann • 1c. habe • 2a. widersprechen • 2b. geht • 3a. ist • 4a. halten 4b. schlage vor • 5a. leuchtet ein • 5b. haben … recht. • 5c. klingt • 6a. wäre 6b. • bin … einverstanden • 6c. machen • 6d. ist 6e. könnte

2c 2. widersprechen • 3. Lösung ablehnen • 4. Lösung vorschlagen • 5. zustimmen • 6. Lösung akzeptieren

6E Gemeinsam sind wir stark

1 *Mögliche Lösung:* Es war einmal ein Esel. Der lebte auf einem Bauernhof und war zu alt zum Arbeiten. Er ging also weg. Sein Plan war es, in Bremen Stadtmusikant zu werden. Unterwegs traf er einen Hund, der zu müde zum Jagen war. Gemeinsam gingen sie weiter. Bald darauf begegnete ihnen eine Katze. Die konnte keine Mäuse mehr fangen. Zu dritt gingen sie weiter, als sie plötzlich einen Hahn trafen, der für die Sonntagssuppe geschlachtet werden sollte. Schließlich wanderten sie zu viert weiter, bis sie in der Nacht im Wald ein Räuberhaus entdeckten. Um die Räuber zu vertreiben, schrien, bellten, miauten und krähten sie. Aus Angst vor ihnen flohen die Räuber. Glücklich lebten die vier in ihrem neuen Zuhause bis ans Ende ihrer Tage.

2a *Mögliche Lösungen:* 2. Hätte ich doch etwas von deiner Reise gewusst! • 3. Wenn er mich doch nur nicht schon wieder vergessen hätte! • 4. Hätte ich nur nicht den Termin verpasst! • 5. Wäre der Bus bloß nicht überpünktlich gekommen! • 6. Wenn ich doch bloß mit 17 schon Auto fahren dürfte!

2b 2. Könnten doch nur alle mein Deutsch verstehen! • 3. Wenn ich mir doch die Artikel besser merken könnte! • 4. Wenn ich bei den Höraufgaben nur keine Fehler hätte!

3a 2E • 3A • 4F • 5C • 6D • 2. Der Tisch ist reich gedeckt, als wären das reiche Leute. • 3. Sie sehen wild und gefährlich aus, als hätten sie vor nichts Angst. • 4. Plötzlich erschrecken die Männer, als wären sie kleine Kinder. • 5. Sie laufen so schnell davon, als wären sie dem Teufel begegnet. • 6. Die vier Musikanten sitzen am Tisch und essen, als gäbe es kein Morgen mehr.

3b 2. Der Tisch ist reich gedeckt, als ob das reiche Leute wären. • 3. Sie sehen wild und gefährlich aus, als ob sie vor nichts Angst hätten. • 4. Plötzlich erschrecken die Männer, als ob sie kleine Kinder wären. • 5. Sie laufen so schnell davon, als ob sie dem Teufel begegnet wären. • 6. Die vier Musikanten sitzen am Tisch und essen, als ob es kein Morgen mehr gäbe.

4 2. … du meine Mutter wär(e)st! • 3. … hättet ihr davon noch nie gehört! • 4. … ihr Feinde wärt! • 5. … wolltest du ins Theater gehen!

5 2. iB • 3. iW • 4. R/E • 5. K • 6. W • 7. B • 8. iB • 9. R/E • 10. iV

6F Pro und Contra

1 **pro:** 2. die einen sind für … / dafür, dass … • 4. für … spricht … • 6. ein (weiteres) Argument für … ist … •

contra: … • 3. das Hauptargument gegen / dagegen ist … • 5. dagegen spricht, dass …

Lektion 7 – 7A Wissen und Können

1 2. entwickelten • 3. vorstellen • 4. realisieren • 5. Material • 6. verwendet

2a Diese Verben passen nicht: bekommen • erzählen • kennen

2b 2. erwerben • 3. gewachsen • 4. vertieft • 5. vermittelt • 6. einbringt • 7. auszutauschen • 8. geht … verloren

3a 1. Umgangssprache • 2. Ergebnis • Inhalte • 3. fremd

3b 1. J • 2. N • 3. N • 4. N • 5. J • 6. J

3c 5. Weißt du die Antwort auf die Frage? • 6. Das Zeichen für Kohlendioxyd weiß ich noch aus dem Chemieunterricht.

7B Was Tiere wissen

1a 2B • 3A • 4B

1b *Mögliche Lösungen:* 2. Dadurch, dass eine Krake ihre Farbe bei Gefahr von blau nach beige wechselt, ist sie vom Meeresboden nicht zu unterscheiden. • 3. Indem ein Schmetterling namens Pfauenauge seine Flügel öffnet, wird ein Muster in Form von zwei Augen sichtbar und erschreckt seine Verfolger. • 4. Dadurch, dass das „Wandelnde Blatt" still auf einer Pflanze sitzen bleibt, wird es optisch zu einem Teil von ihr.

1c *Mögliche Lösungen:* 2. … Damit ist sie vom Meeresboden nicht zu unterscheiden. / Sie ist damit vom Meeresboden nicht zu unterscheiden. • 3. … So wird ein Muster von zwei Augen sichtbar und erschreckt seine Verfolger. / Ein Muster von zwei Augen wird so sichtbar und erschreckt seine Verfolger. • 4. … Dadurch wird das Insekt optisch zu einem Teil von ihr. / Das Insekt wird dadurch optisch zu einem Teil von ihr.

2a **Nebensatzkonnektor:** indem • ohne dass • ohne … zu • **Verbindungsadverb:** dadurch • damit • so • **Präposition:** mit • ohne

2b 2. durch • 3. indem • 4. Mit • 5. Damit / Dadurch • 6. so / auf diese Weise • 7. ohne • 8. damit • 9a. dadurch • 9b. dass • 10. Auf diese Weise / So / Damit / Dadurch

2c 2. Durch einen Tanz. / Mit einem Tanz. • 3. Durch lautes Rasseln. / Mit lautem Rasseln.

2d 2. Bienen informieren sich gegenseitig mit einem Tanz über eine Futterquelle. • 3. Eine Klapperschlange irritiert ihre Opfer durch lautes Rasseln, das sie mit ihrem Schwanzende produziert.

7C Wissen teilen

1a 2. Blog • 3. Internet • 4. Chat • 5. Forum

1b 1. Wiki • 2. Blog

1c 1. r / s Blog, -s: Infinitiv: bloggen • 2. Pers. Sg.: du bloggst • Perfekt: du hast gebloggt • 2. r Chat,-s: Person w. / m.: r Chat-Partner, e / Chat-Partnerin • Infinitiv: chatten • 2. Pers. Sg.: du chattest • Perfekt: du hast gechattet

2a **10 %:** ein Zehntel • jeder Zehnte • 10 von Hundert • **25 %:** ein Viertel • jeder Vierte • 25 von Hundert • **50 %:** die Hälfte • jeder Zweite • 50 von Hundert

2b 2. Es zeigt ein Kreis- und ein Balkendiagramm. • 3. Dieser Anteil beträgt 40 Prozent. • 4. Zusammen macht das etwa drei Viertel aller Lehrer aus. • 5. Rund ein Viertel der Befragten gab an, dass …

2c *Mögliche Lösungen:* Das Kreisdiagramm zeigt, wie häufig Computer im Unterricht eingesetzt werden. Viele Lehrer gaben an, ihn nur selten oder gar nicht zu benutzen. Dieser Anteil beträgt vierzig Prozent. Ein weiteres Drittel der Lehrer nutzt den Computer selten. Zusammen macht das etwa drei Viertel der Lehrer aus. Das bedeutet, dass nur ein Viertel der Lehrer den Unterricht mit dem PC gestalten.

2d *Mögliche Lösungen:* 2. Mit der Arbeit am Computer können Schüler individuell gefördert werden. • 3. Lernen am Computer führt dazu, dass Schüler höher motiviert sind. • 4. Viele Schüler konzentrieren sich bei der Arbeit am Computer besser.

2e *Mögliche Lösungen:* Der größte Teil der Lehrer ist davon überzeugt, dass die Schüler von der Arbeit am PC profitieren

würden. Doch die Wirklichkeit sieht oft ganz anders aus: Nur bei einem Viertel der Lehrer haben die Schüler dazu Gelegenheit. Ein Grund dafür könnte sein, dass nicht alle Schulen mit Computern und Internet ausgestattet sind. Aber es könnte auch daran liegen, dass ein Teil der Lehrer Probleme mit der Technik hat.
3 2. Zwei • 3. dreißig • 4. Sechs • 5. Ein Drittel • 6. zweite • 7. Dritte.

7D Das möchte ich können

1 1. Berechtigung • 2. Berechtigung • 3. Gelegenheit • 4. Möglichkeit • 5. Fähigkeit • 6. Fähigkeit

2 a/b **können**: die Möglichkeit haben, etw. zu tun • die Gelegenheit haben, etw. zu tun • **wollen**: bereit sein, etw. zu tun • die Absicht haben, etw. zu tun • **müssen**: gezwungen sein, etw. zu tun • die Notwendigkeit besteht, etw. zu tun

2c 3. Bisher konnten behinderte Kinder kein normales Gymnasium … besuchen. • 4. Sie mussten auf eine sogenannte Sonder- oder Förderschule gehen. • 5. … wollen die Eltern von Kindern mit Handicaps diesen Zustand nicht länger akzeptieren. • 6. Einige Schulen wollen zwar auch solche Schüler aufnehmen, doch müssen die Gebäude für körperbehinderte Schüler umgebaut werden. • 7. … kann die Öffentlichkeit sich selbst ein Bild von dem gemeinsamen Lernen machen.

3a 2. …, damit er gründlicher recherchieren kann. • 3. …, damit alle Formalien eingehalten werden. • 4. …, damit er alle Rechtschreibfehler finden kann. • 5. …, damit die Arbeit am Ende alle überzeugt.

3b 2. …, um gründlicher recherchieren zu können. • 3. …, um alle Formalien einzuhalten. • 4. …, um alle Rechtschreibfehler finden zu können. • 5. Die Subjekte sind nicht gleich, daher ist keine Umformung mit „um … zu" möglich.

4a 2. Visualisierung • 3. Sicherheit • 4. Bekämpfung

4b 2. Zur Visualisierung wichtiger Informationen beschafft er sich einige wirkungsvolle Schaubilder. • 3. Für mehr Sicherheit im freien Sprechen lernt er wichtige Teile des Referats auswendig. • 4. Zur Bekämpfung seiner Nervosität übt er den Vortrag mehrmals zu Hause.

7E Klug, klüger, am klügsten

1 **Wissenschaftler**: Doktorand • Max-Planck-Institut • Neurologe • Pädagogin • Psychologin • Studie • **Forschung**: Kontrollgruppe • Max-Planck-Institut • Studie • Untersuchung • Versuch • **Gehirn**: Hirnareal • Hirnreaktion • Hörzentrum • Synapse • Verknüpfung

2 2. Kritisches anmerken • 3. Besonderheiten hervorheben • 4. Beispiele anführen

7F Lernwege

1 2. haben • erreichen • verfolgen • 3. machen • unternehmen 4. haben • entwickeln • verfolgen • 5. abbauen • aushalten • haben • 6. haben • erlangen • 7. begehen • beheben • machen • 8. haben • verlieren

Lektion 8 – 8A Gesundheit

1a 1b • 2a • 3a • 4b • 5b • 6a

1b 2. schmerzhafter • 3. Medikamente • 4. chronisch • 5. Diagnose • 6. heftig • 7. Übelkeit • 8. empfindlicher • 9. schmerzfreies • 10. permanent • 11. Lebensstil

8B Gesundheitswahn

1a 2. erhöhen (Zeile 15) • 3. unnütz (Zeile 18) • 4. gesichert (Zeile 31) • 5. ablehnen (Zeile 35f) • 6. steigern (Zeile 40f) • 7. senken (Zeile 46) • 8. ausgewogen (Zeile 50)

1b B. die Spritze • C. die Tablette • D. das Pulver • E. die Tropfen • F. die Salbe • G. das Zäpfchen • H. der Saft

2a 2. VA • 3. NK • 4. P • 5. ZK • 6. P

2b 2. Monotone Tage vor dem Fernseher tun ihnen nicht gut, stattdessen hilft ihnen das Engagement in der Gesellschaft. • 3. Statt dass sie über die moderne Welt klagen, versuchen viele Alte, offen und optimistisch zu sein. • 4. Anstelle von Mitleid mit den scheinbar schwachen Alten brauchen wir mehr Modelle für Aktivität im Alter. • 5. Entweder man fördert seine Leistungsfähigkeit, oder man verliert sie. • 6. Statt (der) Fastenkuren wären eine ausgewogene Ernährung und viel Bewegung besser für die eigene Fitness.

2c 2E • 3D • 4C • 5A • *Mögliche Lösungen:* 2. Ich möchte nicht mehr so wenig schlafen, stattdessen will ich mir mehr Ruhepausen gönnen. • 3. Anstelle von zu viel Fastfood will ich mehr Obst und Gemüse essen. • 4. Statt so wenig Sport zu treiben, möchte ich mich mehr bewegen. • 5. Anstatt beim Ausgehen so viel Alkohol zu trinken, will ich mich vernünftiger verhalten.

3a **Nebensatzkonnektor**: während • bis • **Konjunktion**: sondern • und • **Verbindungsadverb**: jedoch • dagegen • **Präposition**: Entgegen • Im Gegensatz zu

3b 2. Während Ulf zum Frühstück Müsli isst, bevorzugen seine Freunde Eier, Wurst und Kuchen. • 3. Ulf ist schlank und athletisch, jedoch seine Freunde bekommen langsam einen Bauch/seine Freunde bekommen jedoch langsam einen Bauch. • 4. Im Gegensatz zu Ulf, der auf genug Schlaf achtet, sitzen seine Freunde gerne lange in der Kneipe. • 5. Entgegen Ulfs Plan, seine Freunde zu motivieren, wollen sie ihr Leben nicht verändern. • 6. Ulf ist manchmal etwas hektisch, aber seine Freunde sind gemütliche Menschen.

4 *Mögliche Lösungen:* 2. Noch bis vor Kurzem wurden zum Abnehmen 5 Mahlzeiten pro Tag empfohlen, doch seit Neuestem gelten 3 Mahlzeiten als besser./Noch bis vor Kurzem wurden zum Abnehmen 5 Mahlzeiten pro Tag empfohlen, seit Neuestem gelten doch 3 Mahlzeiten als besser. • 3. Früher rieten Experten zu fettarmer Ernährung, jedoch weiß man jetzt, dass der Körper bestimmte Fettarten braucht./Früher rieten Experten zu fettarmer Ernährung, jetzt weiß man jedoch, dass der Körper bestimmte Fettarten braucht. • 4. Viele Jahre lang glaubten Sportmediziner, dass nur intensives Training nützt, dagegen haben Studien mittlerweile gezeigt, dass jede Art von Bewegung hilft./Viele Jahre lang glaubten Sportmediziner, dass nur intensives Training nützt, mittlerweile haben dagegen Studien gezeigt, dass jede Art von Bewegung hilft. • 5. Früher verordneten Ärzte nach Operationen Bettruhe. Aber seit einigen Jahren sollen Patienten nach Operationen möglichst schnell wieder aktiv sein./Früher verordneten Ärzte nach Operationen Bettruhe. Seit einigen Jahren aber sollen Patienten nach Operationen möglichst schnell wieder aktiv sein.

8C Arzt und Patient

1a 2. der Spezialist • 3. der Schwachpunkt • 4. die Untersuchung • 5. einsilbig • 6. schlüssig • 7. ratsam • 8. die Einstellung • 9. schwerwiegend

1b 2. die Bronchien • 3. die Leber • 4. der Dickdarm • 5. der Blinddarm • 6. die Speiseröhre • 7. das Herz • 8. der Magen • 9. der Dünndarm

2a 2. Der Operationsbefund sieht gut aus. • 3. Wie vertragen Sie denn die Medikamente? • 4. Ich verschreibe Ihnen ein schmerzlinderndes Mittel. • 5. Sind das anhaltende Schmerzen oder gehen sie von allein wieder weg? • 6. Falls Sie in den kommenden Wochen keine Besserung feststellen, dann rufen Sie mich an!

2b 2. Wann sind die Schmerzen denn aufgetreten? • 3. Hatten Sie diese Symptome schon früher? • 4. Wie intensiv sind die Schmerzen? • 5. Haben Sie etwas dagegen unternommen? • 6. Wie wirkt sich Ihr gesundheitlicher Zustand auf Ihre Arbeit aus? • 7. Wann sind Sie zum letzten Mal geröntgt worden?

8D Alternative Heilmethoden

1 die Akupunktur • die Aromatherapie • Autogenes Training • die Farbtherapie • die Fußreflexzonenmassage • die Kinesiologie • die Osteopathie

2a 2. Technik • 3. Tabu • 4. Apotheke • 5. Tendenz • 6. Rhythmus • 7. Thema • 8. Typ • 9. Tempo • 10. Theorie • 11. Thermometer • 12. Homöopathie

2b 2. Fieber • 3. Fokus • 4. Physik • 5. Folie • 6. Phonetik • 7. Figur • 8. Funktion • 9. Phantom • 10. fatal • 11. pharmazeutisch • 12. Fundament • 13. Forderung • 14. Phänomen • 15. Fastenkur

3a 2E • 3D • 4C • 5A

3b *Mögliche Lösungen:* 2. In den Medien wird oft die Wichtigkeit von Gesundheitsvorsorge betont, also/folglich/somit ist es nicht erstaunlich, dass viele Menschen so häufig beim Arzt Rat suchen. • 3. Viele gehen sogar wegen einer einfachen Erkältung zum Hausarzt, sodass manche Ärzte zu wenig Zeit für die schweren Fälle übrig haben. • 4. Manche Senioren haben außer dem Arzt so wenig soziale Kontakte, dass der Arzt für sie manchmal eine wichtige Bezugsperson wird. • 5. Gleichzeitig wollen nur wenige junge Ärzte aufs Land ziehen, also/folglich/somit haben ältere Menschen ohne Auto keine gute medizinische Versorgung mehr.

4a 2. also • 3. sondern • 4. folglich • 5. dagegen • 6. Infolge • 7. jedoch • 8. stattdessen

4b 2. KO • 3. AD • 4. KO • 5. AD • 6. KO • 7. AD • 8. AL

8E Ausgebrannt: Was die Seele krank macht

1 2. Umfeld • 3. Symptom • 4. Leistungsminderung • 5. Faktor • 6. Arbeitsverdichtung • 7. Gereiztheit

2 *Mögliche Lösungen:* 2. In Deutschland ist das möglichst frühe Aufstehen ein gesellschaftliches Ideal, während in anderen Ländern viele Angestellte erst eine Stunde später zur Arbeit gehen. • 3. Manche Autoren glauben, dass eine Ursache in der Tradition einer strengen protestantischen Arbeitsmoral liegt. • 4. Besonders junge Leute zwischen 15 und 25 Jahren haben einen speziellen Biorhythmus, sodass sie während der Woche oft zu wenig Schlaf bekommen. • 5. Menschen, die dauerhaft zu wenig schlafen, greifen öfter zu Alkohol und Zigaretten. • 6. In vielen Institutionen wäre es möglich, später anzufangen, doch zuerst müsste sich die gesellschaftliche Haltung ändern.

8F Lachen ist gesund

1 2. gesund • 3. Natur • 4. Magen • 5. Lunge • 6. Sport • 7. essen • 8. Nase • 9. Knie • 10. Mittel

Lektion 9 – 9A Gefühle

1a 2. die Freundlichkeit • 3. das Vertrauen • 4. die Vorsicht • 5. die Attraktivität • 6. die Scham/die Verschämtheit • 7. das Versehen • 8. der Schmerz

1b 2. freundlich • 3. versehentlich • 4. verlegen • 5. vorsichtig • 6. vertrauensvoll • 7. schmerzhaft • 8. verschämt

2 *Mögliche Lösungen:* 1. **Freude:** nicht still sitzen können • über das ganze Gesicht strahlen • mit beschwingten Schritten gehen • ein paar Tränchen verdrücken • 2. **Angst:** am ganzen Körper zittern • es läuft einem kalt über den Rücken • einen Kloß im Hals spüren • vor Schreck bleich werden • 3. **Wut:** die Gesichtsfarbe wechseln • die Hand zur Faust ballen • mit dem Fuß aufstampfen • 4. **Trauer:** den Blick senken • die Hände vors Gesicht schlagen • in Tränen ausbrechen • die Schultern hängen lassen

9B Emotionen

1a 2. der Anpassungsmechanismus • 3. die Handlungsalternative • 4. die Widerstandskraft • 5. der Selbstzweifel • 6. die Bewährungssituation

1b 2. einengen • 3. erhöhen • 4. (sich) röten • erröten • 5. begünstigen • 6. erleichtern • 7. stärken • bestärken • erstarken • 8. festigen • befestigen

2a 2. Die Leistung der Hauptdarstellerin hat mich beindruckt. • 3. Der neue Film von Roland Emmerich hat mich enttäuscht. • 4. Die vielen Schauplätze des Films haben mich verwirrt. • 5. Die aufwendigen 3-D-Effekte haben mich fasziniert.

2b 2. Ich war von der Leistung der Hauptdarstellerin beeindruckt. • 3. Ich war von Roland Emmerichs neuem Film enttäuscht. • 4. Von den vielen Schauplätzen des Films war ich verwirrt. • 5. Von den aufwendigen 3-D-Effekten war ich fasziniert.

9C Stark durch Gefühle

1a 2F • 3B • 4I • 5F • 6B • 7I • 8F • 9B

1b 2. Der Film konzentriert sich auf die Beziehung zwischen Leila und Nick. • 3. Dem Regisseur ist ein beeindruckender Film gelungen. • 4. Der Film hat seine Faszination vor allem den Schauspielern zu verdanken. • 5. Der Film spricht sowohl ein jüngeres als auch ein älteres Publikum an.

2a A. kann/könnte • B. dürfte • C. müsste

2b 2. Ja, er dürfte mit deutschen Untertiteln gezeigt werden. • 3. Ja, der Festivalchef könnte eine lange Rede halten. • 4. Die Hauptdarsteller müssten Autogramme geben. • 5. Ja, der Berliner Bürgermeister dürfte unter den Besuchern sein. • 6. Ja, die Premiere müsste restlos ausverkauft sein. • 7. Ja, der Film kann noch an anderen Wettbewerben teilnehmen.

3a 1 M • 2 M • 3 M • 4 V • 5 M • 6 V

3b 1. Sätze: …, 3 • 2. Satz: 4 • 3. Satz: 1

4a Falsch sind: 1 • 5 • 10

4b 1. An den „Kinotagen" könnten/dürften/müssten die Karten wohl weniger kosten./Bestimmt kosten die Karten an den „Kinotagen" weniger./Ich glaube, dass die Karten an „Kinotagen" weniger kosten. • 2. Der Film müsste/dürfte noch vier Wochen laufen./Der Film läuft wohl noch vier Wochen./Bestimmt läuft der Film noch vier Wochen./Ich glaube, dass der Film noch vier Wochen läuft. • 3. Die Stadtillustrierte kann/könnte/dürfte/müsste eine Filmkritik bringen./Die Stadtillustrierte wird wohl eine Filmkritik bringen./Sicherlich bringt die Stadtillustrierte eine Filmkritik./Ich glaube, dass die Stadtillustrierte eine Filmkritik bringt. • 4. Das Interesse ist wohl immer noch groß. / Das Interesse wird wohl immer noch groß sein. / Ich nehme an, dass das Interesse immer noch groß ist. / Das Interesse dürfte / müsste immer noch groß sein. • 5. Das wird wohl noch eine Weile dauern. / Das kann / könnte / dürfte noch eine Weile dauern. / Ich nehme an, dass das noch eine Weile dauert. • 6. Ich vermute mal, dass große Elektronikmärkte sie im Sortiment haben. / Vielleicht haben sie große Elektronikmärkte im Sortiment. / Große Elektronikmärkte dürften / müssten sie im Sortiment haben. / Große Elektronikmärkte werden sie wohl im Sortiment haben.

9 D Gefühle verstehen

1a Löwen, hier Dativ von „der Löwe"
1b B. Ochsen • C. Bären • D. Pfauen
1c 2. den Polizisten, dem Polizisten, des Polizisten • 3. den Doktoranden, dem Doktoranden, des Doktoranden • 4. den Dozenten, dem Dozenten, des Dozenten • 5. den Menschen, dem Menschen, des Menschen
2a 2. besonders • 3. in erster Linie • 4. vorwiegend • 5. gerade • 6. vor allem
2b 2. Besonders zu Beginn einer Beziehung ist es selten, dass Ängste und Sorgen angesprochen werden. • 3. Schließlich ist man frisch verliebt und kennt sich gerade erst wenige Tage. • 4. Die Gespräche drehen sich hauptsächlich / vorwiegend um schöne Dinge, wie Vorlieben oder gemeinsame Pläne. • 5. Besser spart man Themen aus, die in erster Linie negative Gedanken auslösen, wie persönliche Probleme oder der / die Expartner / in.

9 E Fingerspitzengefühl

1 **werden + Infinitiv Perfekt:** 4. wird … geblieben sein • 6. wird … gewesen sein • **Modalverb + Infinitiv Perfekt:** 2. können … gewesen sein • 3. dürfte … gemacht haben • 5. muss … gestört haben
2a 2. gemocht worden sein • 3. überwacht worden sein • 4. gehalten worden sein
2b 2. Susannas Eltern dürften Richard nicht sehr gemocht haben. • 3. Ihr neuer Liebhaber wird Susanna nicht ständig überwacht haben. • 4. Susanna dürfte die Affäre lange geheim gehalten haben.
3a 2. Kronhaus muss auf dem Weg zur Arbeit überrascht worden sein. • 3. Es muss einen Kampf gegeben haben. • 4. Für die Tat können die Entführer einen Transporter benutzt haben. • 5. Die Entführer können über die Autobahn geflohen sein. • 6. Seine Familie dürfte das Lösegeld noch nicht gezahlt haben.
3b 1b. haben • 2a. mag • 2b. gewesen sein • 3a. wird • 3b. werden … haben • 4a. Höchstwahrscheinlich
4 2. Ich war ja kurz bei der Bank, Geld abheben. • 3. Ach ja, aber du warst doch erst gestern Geld holen. • 4. Stimmt, aber es reicht eigentlich nie sehr lange. • 5. Und du denkst wohl, ich glaube dir? • 6. Das musst du schon selbst wissen, ob du mir glaubst.

9 F Gemischte Gefühle

1 1b • 2a • 3b • 4a • 5c
2a 1. Regel 2 • 2. Regel 1 • 3. Regel 3
2b 2. wieder macht • 3. wiederholen (= zurückholen) • 4. wieder einfallen • 5. wiederhaben • 6. wiederholt

Lektion 10 – 10 A Raus in die Welt

1a *Mögliche Lösungen:* 2. großes Fachwissen einbringen • über großes Fachwissen / Kapital / große Erfahrungen verfügen • 3. über genügend Kapital / Erfahrungen verfügen • 4. einen langjährigen Traum verwirklichen • 5. unkompliziert Freundschaften schließen • 6. viele Freundschaften haben • viel Fachwissen haben • viel Kapital erwerben / haben
1b *Mögliche Lösung:* Dirk Minter (34) ist Arzt von Beruf. Um seinen langjährigen Traum von einem freieren Leben zu verwirklichen und, weil er das Gefühl hatte, dass seine Karriereaussichten in Deutschland festgefahren waren, wanderte er letztes Jahr in die USA aus. Dort schloss er schnell neue Freundschaften. Er hatte dank seines großen Fachwissens, das er einbringen konnte, viele Karriereaussichten. Das Leben schien ihm zu Beginn tatsächlich unkomplizierter zu sein. Heute sieht er das etwas differenzierter.
2a 2. sowohl Vor- als auch Nachteile haben • 3. ein großer / weiterer Vorteil / Nachteil bestehen in … / darin, dass … • 4. ein Vorteil / Nachteil sein, dass … • 5. vorteilhaft / nachteilig sein an … + D. • 6. die Vorteile / Nachteile überwiegen
2b 2. Nachteilig an … sind • 3. Ein weiterer Nachteil … darin, dass • 4. Ein großer Vorteil ist …, dass • 5. sowohl Vor- als auch Nachteile hat • 6. überwiegen … die Vorteile

10 B Studieren im Ausland

1 **-är:** familiär • **-ell:** – • **-iell:** potenziell • finanziell • **-isch:** europäisch • technisch • **-lich:** beruflich • freundschaftlich • kulturwissenschaftlich • maßgeblich • partnerschaftlich • wesentlich • **-weit:** europaweit
2 1a • 2b • 3a • 4b • 5a • 6b • 7b • 8a
3a 2. Nichtsdestotrotz • 3. auch wenn • 4. Gleichwohl • 5. Ungeachtet • 6a/b. zwar … aber • 7. obwohl
3b **Präposition:** Satz 5 • **Nebensatzkonnektor:** Satz 3, 7 • **Verbindungsadverb:** Satz 1, 2, 4 • **zweiteiliger Konnektor:** Satz 6a / b
3c *Mögliche Lösungen:* 2. Das liegt auch daran, dass es ihnen schwerfällt, sich von Familie, Freunden und Partnern zu trennen, obwohl diese Trennung nur vorübergehend ist. • 3. Trotzdem / Dennoch verzichten viele aus diesem Grund lieber auf solch einen Aufenthalt. • 4. Obwohl sich viele dagegen entscheiden, verspricht ein Auslandssemester bessere Zukunftschancen. • 5. Aber diejenigen, die sich dafür entscheiden, tun das, auch wenn ein großer Aufwand damit verbunden ist. / trotz des großen Aufwands, der damit verbunden ist. • 6. Manche machen auch die Erfahrung, dass es anschließend nicht immer leicht ist, sich wieder zu Hause einzuleben, obwohl es sich um das Heimatland handelt.
4 2. Wir fahren in den nächsten Semesterferien weder nach Nordeuropa noch auf die Südhalbkugel wie Paul und Anna noch an die französische Mittelmeerküste wie Petra. • 3. Jan lernt für sein Auslandssemester Arabisch nicht nur an der Uni, sondern er nimmt auch Privatstunden bei einem Muttersprachler. • 4. Je kürzer der Studienaufenthalt im Ausland ist, desto weniger Erfahrungen kann man sammeln. • 5. Niederländisch und Deutsch sind zwar verwandte Sprachen, aber jemand, der beide als Fremdsprache lernt, hat aber oft große Probleme dabei.

10 C Wege ins Ausland

1a 1. … Jahren des 20. Jahrhunderts … von der UNO… zum Land … der höchsten … • 2. … jeden Fall eine gültige …

3. … Ihrem … die kanadische …, bester … • 4. … jedes …
aus der ganzen … einer … • 5. … einer … den neuen …, …
Ihr planerisches … besonderem… • 6. … jedem …. eines Be-
suchs … ein Netzwerk …, … bei der… • 7. … gesuchten Branchen einschlägige … gute Sprachkenntnisse …, …. einen … •
8. … in manchen Teilen … anderen…

1b 1. Schweden • Gesundheitssystem • Landschaft • verfügt •
gesunden • 2. werden • anderem • Elektr(on)iker • Kranken-
pfleger • Psychologen • 3. Englischkenntnissen • Branchen •
Dauer • finanziert • Sprachkurse • 4. Steuern • Prozent • Arbeitnehmer • betragen • zusätzlich • 5. Eigenheimen • Reihenhäu-
sern • 6. Verkehrsnetz

10 D Vorbereitungen

1a 2. Ursache • 3. nachfragen • 4. gewünschte • 5. ausrichten •
6. zurückrufen • 7. Dienstreise • 8. verbinden • 9. worum •
10. hinterlassen • 11. könnten • 12. Anruf • 13. mitteilen •
14. Anliegen • 15. Auf Wiederhören

1b *Mögliche Lösungen:* 2. Guten Tag, mein Name ist …/Hier
spricht (Max) Maier./Max Maier am Apparat. • 3. Könnte
ich bitte Herrn/Frau … sprechen?/Würden Sie mich bitte
mit Herrn/Frau … verbinden? • 4. Leider ist Herr/Frau …
heute nicht im Büro/auf Dienstreise/gerade zu Tisch/in
einer Besprechung/momentan im Gespräch. Kann ich Ihnen vielleicht weiterhelfen? • 5. Könnten Sie mir sagen/er-
klären, …/Ich würde gern wissen, …/Ich hätte gern gewusst,…/Mich interessiert, …/Wären Sie so freundlich und
sagen mir, … • 6. Ich bin mir nicht sicher, ob ich Sie richtig
verstanden habe./Habe ich das richtig verstanden?/Könnten
Sie das bitte wiederholen?/Könnten Sie etwas langsamer
sprechen?/Entschuldigung, das habe ich nicht verstanden. •
7. Könnten Sie Herrn/Frau … bitte ausrichten, dass …/Ich
würde Herrn/Frau … gern eine Nachricht hinterlassen. •
8. Könnten/Würden Sie mich bitte zurückrufen, wenn…/Dürfte
ich um Ihren Rückruf/den Rückruf von Herrn/Frau … bitten?/
Bitte geben Sie mir Bescheid, wenn …/Bitte melden Sie sich
bei mir, sobald … • 9. Das war's schon. Vielen Dank für Ihre
Auskunft./Das war alles, was ich wissen wollte. Herzlichen
Dank. Auf Wiederhören.

2 2. Betreff/Bezug • 3. Anrede • 4. Grußformel • 5. die Unterschrift • 6. der Absender • 7. das Datum • 8. der Brieftext

10 E Ankommen

1 2. Werktag • 3. Hausordnung • 4. Zustand • 5. zu gewerbli-
chen Zwecken • 6. Verstoß • 7. Sicherheitsleistung • 8. Untervermietung • 9. Mietrückstand • 10. fristlose • 11. Vorschriften •
12. Schaden

2 *Mögliche Lösung:* … Ich denke, du könntest das Zimmer
mieten. Die Miete beträgt 250 € inkl. Nebenkosten. Eine Kau-
tion von einer Monatsmiete muss man hinterlegen. Davon
werden dann eventuelle Schäden bezahlt. Wenn du beim Ein-
zug renovieren möchtest, kannst du das machen. Aber beim
Auszug musst du nicht renovieren. Du kannst zum 3. Werktag
eines Monats zum Monatsende kündigen. Das betrifft beide
Seiten. Natürlich haftest du für Schäden, die du oder deine
Besucher verursacht haben. Untervermietung ist leider verbo-
ten. Das wär's in Kürze zu deinen Fragen. Melde dich, sobald
du dich entschieden hast. Vielleicht klappt es ja, wenn ich dich
frühzeitig als Nachmieter angebe. Das wär ja toll! Liebe Grüße
für heute, Peter

3a 2. Grundmiete erhöhen • 3. Vorschriften gelten • 4. Sicherheitsleistung hinterlegen • 5. Mieter kündigen • 6. Nachbarn
nerven • 7. Zimmer renovieren • 8. Nebenkosten steigen •
9. Vertrag unterschreiben

3b 2. erhöht • 3. gekündigt 4. nervend • 5. hinterlegt • 6. stei-
gend • 7. geltend • 8. unterschrieben • 9. renoviert

3c *Mögliche Lösungen:* 2. die erhöhte Grundmiete = die
Grundmiete, die erhöht worden ist • 3. der gekündigte Mieter =
der Mieter, dem man gekündigt hat • 4. die nervenden Nachbarn = die Nachbarn, die nerven • 5. die hinterlegte Sicherheitsleistung = die Sicherheitsleistung, die hinterlegt wurde • 6. die
steigenden Nebenkosten = die Nebenkosten, die steigen •
7. die geltenden Vorschriften = die Vorschriften, die gelten •
8. der unterschriebene Vertrag = der Vertrag, der unterschrieben worden ist • 9. das renovierte Zimmer = das Zimmer, das
renoviert worden ist

4 2. spielenden • 3. benutzte • 4. wohnenden • 5. vorgese-
hene • 6. verursachenden • 7. aufgestellten • 8. anfallende •
9. vorgesehenen

10 F Kultur hier und da

1a stressfreier • Hause • außerhalb • weiß • dass • meisten •
gesünder • Arbeits- • so • entspannt • isst • sich • nichts • Gutes • Das • wissen • sollte • sonst • Muße • Wichtiges • Atmosphäre • sportlichem • Ausgleich • also • Dauerstress • das •
bereits • Personen

1b 2. Hoch|stim|mung • 3. Dar|stel|lung 4. Spe|zia|list • 5. kul|
tur|spe|zi|fisch • 6. Ent|span|nung

Lektion 11 – 11 A Natur

1a **Nomen mit Artikel:** 2. der Frost • 4. die Wolke • 5. der Regen •
6. der Sturm • **Verb:** 2. frieren • 3. (aus)trocknen • 5. regnen •
Adjektiv/Partizip: 3. trocken • 4. bewölkt/wolkig • 6. stürmisch
1b 1. friert • 2. trocken • Trockenheit • 3. Wolken • Stürmen •
4. aufheizen • Hitze…

2a 2. verblüht • 3. verwelkt • 4. verregnet • 5. verschwitzt •
6. vertrocknet • 7. verklebt • 8. verkocht

2b 2. verschwitzt • 3. verregnete • 4. verwelkte/verblühte •
5. vertrocknet • 6. verkocht • 7. verbrannt

11 B Von der Natur lernen

1a 1b. der Schraubverschluss • 1c. der Reißverschluss • 2a. der
Tarnanzug • 2b. der Badeanzug • 2c. der Taucheranzug •
3a. die Eisblume • 3b. die Schnittblume • 3c. die Pusteblume •
4a. der Lampenschirm • 4b. der Fallschirm • 4c. der Regenschirm •
5a. der Kaninchendraht • 5b. der Stacheldraht • 5c. der Blumendraht • 6a. das Spinnennetz • 6b. das Telefonnetz • 6c. das Ein-
kaufsnetz

1b 2a, 4b, 5b, 6c

1c Regel 1: Ausnahmen sind „b", „t" und „g". Beispiele: Badeanzug, Pusteblume • Regel 2: Endet das Bestimmungswort auf
unbetontem „e", wird meist ein „n" eingefügt: Beispiele: Lampenschirm, Blumendraht, Spinnennetz,

2a 2D • 3F • 4A • 5C • 6B • 7E

2b 2. Heute ist es wichtig, mit Ressourcen sparsam umzu-
gehen. • 3. Auf vielen technischen Gebieten hat der Mensch
enorme Fortschritte gemacht. • 4. In der Bionik gestalten Ingenieure technische Anwendungen nach dem Vorbild der Natur. •
5. Die Genialität besteht natürlich im Erkennen von Prinzipien
und ihrer Übertragung auf die Technik.

3a 2. Prinzip. hint. Konstrukt. d. Nat. • 3. Effekt. b. max. Aus-nutz. v. Energ. u. Mat. • 4. in einfach. Ding. Genial. d. Nat.

3b 2. Die Forschung zielt auf die Prinzipien hinter den Konst-ruktionen der Natur. • 3. Die Konstruktionen faszinieren durch ihre Effektivität bei maximaler Ausnutzung von Energie und Material. • 4. Die Bionik basiert auf der Genialität der Natur, die in den einfachen Dingen liegt.

11C Naturkatastrophen

1a 2. Waldbränden • 3. Lawine • 4. Dürre • 5. Unwetter • 6. Überschwemmung

1b 2. abseits der markierten Pfade • 3. sich von seiner besten Seite zeigen • 4. sich auf den Beinen halten • 5. forderte eine hohe Zahl von Opfern • 6. Die Welle hält die Menschen in Atem.

1c A: Menschen aufgerufen • in Häusern zu bleiben • B: Kälte-welle • mind. 27 Todesopfer • Temperaturen • bei minus 32 Grad

11D Klimawandel

1a Präsens: führe • **Präsens mit Modalverb:** könne … brem-sen • wolle sich … zurückziehen • **Vergangenheit:** sei … gewe-sen • habe … verursacht • **Futur I:** werde … verändern

1b 2. führt • 3. war • 4. wird • 5. kann • 6. hat • 7. will

1c 1. Präsens mit Modalverb, Vergangenheit • 2. erste

2 1b. 24 Schüler/innen meinten, sie würden mit dem Fahrrad fahren. • 1c. 45 Schüler/innen sagten, dass sie den Bus näh-men / (…) nehmen würden. • 1d. 12 Schüler/innen erklärten, sie kämen mit dem Auto / sie würden mit dem Auto kommen. • 2a. 35 Schüler/innen gaben an, sie hätten Solarzellen auf dem Dach. • 2b. 65 Schüler/innen meinten, sie hätten keine Solar-zellen auf dem Dach. • 3a. 7 Schülerin/innen erklärten, sie wür-den nie Fleisch essen. • 3b. 17 Schülerin/innen gaben an, sie würden 1–2 mal in der Woche Fleisch essen. • 3c. 31 Schülerin/innen sagten, sie würden 3–4 mal in der Woche Fleisch es-sen. • 3d. 43 Schülerin/innen erklärten, sie würden 5–7 mal in der Woche Fleisch essen. • 4a. 59 Schüler/innen sagten, dass sie das Gerät ganz abschalten würden. • 4b. 29 Schüler/innen sagten, sie würden das Gerät auf „stand-by" schalten. • 4c. 12 gaben an, dass sie es laufen ließen / (…) laufen lassen würden.

3 2. sei • 3. führe • 4. entwickelten / entwickeln würden • 5. würden • 6. stünden / ständen / stehen würden

11E Energie aus der Natur

1 2. die Primärenergie • 3. der Brennstoff • 4. der Energiever-brauch • 5. die Erdwärme • 6. der Klimaschutz • 7. die Biomasse • 8. die Wasserkraft

2 2. Einsparung • 3. Betreiber • 4. konventionell • 5. Ausbau • 6. Erzeuger • 7. erneuerbar • 8. effizient

3a 1a • 2b

3b 2. Er will seine Wollpullover 3 Wochen tragen. • 3. Er will sich nur von dem ernähren, was Feld und Schafzucht herge-ben. • 4. Das Wasser in der Quelle soll um drei Meter gesunken sein. • 5. Dafür soll der übertriebene Verbrauch der Anwohner verantwortlich sein.

11F Ernährung – natürlich?

1 2. künstlich • 3. nachhaltig • 4. erntefrisch • 5. haltbar • 6. harmlos • 7. raffiniert • 8. unbedenklich • 9. reflexartig • 10. naturschonend

2 (Robins Eltern würden sich … anschließen: Der Kon-junktiv II bleibt in der indirekten Rede erhalten.) • „Denn aus Unsicherheit greifen mittlerweile auch sie schon re-flexartig zu Produkten aus dem Bio-Sortiment. Doch vieles, was in Bio-Supermärkten oder bei den Discountern im Ein-kaufswagen landet, ist auch industriell gefertigt und kommt nicht ohne den einen oder anderen Hilfsstoff aus. Ebenso machen sich die meisten Konsumenten oft nicht klar, dass es bei etlichen Erzeugnissen der Öko-Landwirtschaft vorrangig um das nachhaltige Wirtschaften geht, … – und nicht etwa darum, dass der Nährstoffgehalt so viel größer ist als der von Früchten aus konventionellem Anbau."

3a 2. Himbeerjoghurt • 3. Nährstoffe • 4. Quelle • 5. Erklärung • 6. Sortiment • 7. schädigen • 8. konventionell • 9. Vorstellung • 10. Ernährung • 11. Windräder • 12. Felder • 13. nämlich • 14. Keramikgefäße • 15. Überschwemmung • 16. patentiert • 17. Stämme • 18. Klette

Lektion 12 – 12A Sprachlos

1 2. Hals- und Beinbruch! • 3. Schönen Abend / Feierabend! • 4. Alles Gute nachträglich! • 5. Mein herzliches Beileid! / Herz-liches Beileid! • 6. Toi, toi, toi! • 7. Gute Erholung! • 8. Viel Vergnügen / Spaß! • 9. Mahlzeit! • 10. Danke gleichfalls! / Dir / Ihnen auch!

2a 2. Vor • 3. Aus • 4. vor

2b 1. (Aussage 3) • 2. A (Aussage 4) • 3. C (Aussage 2) • 4. B (Aussage 1)

2c 2. Vor • 3. dank • 4. Aus • 5. aus • 6. Vor • 7. vor • 8. Aus

3b ich bombardier' – ich bombardiere • sie interessier'n – sie interessieren • 4mal: ich hab' – ich habe • auch 'n Fingerzeig – auch ein Fingerzeig • würd'st – würdest du • brauch'– brauche

3c 2. D'dorf • erlaubt: • 3. lernen: • 4. dachte: • 5. sagen: • 6. Klemens' • 7. Körperhaltung: • 8. 'ne • 9. kapier'n • 9. sind …

12B Nichts sagen(d)

1a 2. unterschiedlicher • 3. gesunde • 4. absolutes • 5. vorsich-tig • 6. geringsten

1b 2. neidischer • 3. befreundet • 4. vornehme • 5. tiefschür-fende • 6. heikles • 7. entscheidend • 8. oberflächlich • 9. edle

2 2a. handelt von • 2b. geht es um • 2c. ist • 3a. erinnert • 3b. ist • 3c. denkt • 3d. eingefallen • 4a. teile • 4b. zustimmen • 4c. halte

12C Die Kunst der leichten Konversation

1 2G • 3D • 4E • 5A • 6C • 7B

2a / b

	Pos. 1	Pos. 2	Mittelfeld	Satzende	Nachfeld
2.	Ich	treibe	in der Natur	Sport	und zwar Laufen und Skifahren.
3.	Da	geht	es Ihnen also meist		wie mir.
4.	Sie	halten	also auch nichts von	Geräten,	die nur bestimmte Muskeln trainie-ren?
5.	Das	kann	vor allem eins	sein:	sehr langweilig.
6.	Dabei	denkt	man doch nur an messbare Werte		und nicht an die Entspannung in der Natur.
7.	Genie-ßen	Sie	dann auch lie-ber die Natur		als immer nur an Fitness zu denken?
8.	So	wird	man leichter gesund und fit	bleiben,	finden Sie nicht?

2c 2. Ausdrücke wie „und zwar" • 3. Vergleich • 4. Relativsatz • 5. Angabe nach Doppelpunkt • 6. Präpositionalergänzung • 7. Präpositionalergänzung • 8. Ausdrücke wie „nicht wahr?"

12 D Mit Händen und Füßen

1a 2D • 3A • 4B • 5C

1b *Mögliche Lösungen:* 2. (Zeile 27) Tränen offenbaren / deuten darauf hin / zeigen, dass da einer Hilfe braucht. • 3. (Zeile 33) Denn wenn Menschen zusammenkommen, suchen Sie etwas, was sie als Anregung oder Beispiel nehmen können, was ihnen im Austausch mit Anderen Sicherheit gibt. • 4. (Zeile 48) In Japan ist dies wiederum nichts, worüber man sich aufregen würde, denn es steht einfach / ist einfach ein Zeichen für die Zahl fünf. • 5. (Zeile 54f) Wer viel mit anderen Kulturen zu tun hat, sollte die wesentlichen Körpersignale verstehen und anwenden lernen, sodass er die Botschaften richtig deuten kann.

2a 2. worin • 3. worauf • 4. worum • 5. was • 6. worüber • 7. worum • 8. woran

2b *Mögliche Lösungen:* 1b. etwas, womit man Erfolg oder Misserfolg erzielen kann • 1c. etwas, über dessen Funktion schon viel geforscht wurde • 1d. nichts, was man als die modernste Form der menschlichen Verständigung bezeichnen kann • 1e. nichts, worin sich Menschen unterschiedlicher Kulturen unterscheiden • 1f. etwas, dem man alle Beachtung schenken muss • 2a. das Einzige, was einem verrät, wie jemand gelaunt ist • 2b. das Erste, mit dessen Hilfe man die Stimmung einer Person ablesen kann

2c 2. Endlich kennt er die Körpersignale des arabischen Kulturkreises, was ihm sehr dabei hilft, niemanden unbewusst zu beleidigen. • 3. Ich hatte ihn mit meiner Mimik verletzt, worüber ich mich im Nachhinein sehr ärgerte. • 4. In verschiedenen Kulturen gibt es eigene Systeme von nonverbalen Botschaften, was bei Unkenntnis des entsprechenden Kulturkreises zu Missverständnissen führt. • 5. Grundlegende Gefühle lösen Studien zufolge ähnliche nonverbale Signale aus, weshalb / weswegen die Gefahr, dass sie missverstanden werden, nicht besonders groß ist. • 6. Paul hat den Artikel mit großem Interesse gelesen, weshalb / weswegen er unbedingt einen Kurs in nonverbaler Kommunikation besuchen will.

2d 2. was • 3. Wen • 4. Wem • 5. Wem • 6. Wer • 7. Wen • 8. was

2e Sätze 1, 6

2f 2. wohin • 3. wo • 4. wo • 5. wo • 6. von wo • 7. wo • 8. woher

2g 2. weshalb / weswegen • 3. weshalb / weswegen • 4. wo • 5. was • 6. worüber • 7. was • 8. Wer • 9. wem • 10. wohin • 11. wobei • 12. wen

12 E Der Ton macht die Musik

1a 2. wünschen • 3. unangemessen • 4. unterstreichen • 5. angehen • 6. Entscheidend • 7. Punkt • 8. ungeheuerlich • 9. erwarte • 10. Forderung • 11. Sinne

1b **persönliche Einschätzung:** 3, 7 • **Ausdruck von Ärger:** 1, 5, 8 • **etwas hervorheben:** 4, 6, 11 • **etwas verlangen:** 2, 9, 10

12 F Wer wagt, gewinnt

1 2. Könnten Sie das bitte noch einmal wiederholen? • 3. Mir fällt im Moment das Wort nicht ein. • Wie nennt man es, wenn … • 4. Könnten Sie bitte ganz kurz erklären, was das bedeutet? • 5. Ich meine so ein Ding, mit dem man … • 6. Ich habe das nicht ganz verstanden. • Was haben Sie gerade gesagt? • 7. Wie sagt man noch mal, wenn … • 8. Bedeutet das so etwas wie … ? • 9. Sie meinen also … • **fragen, ob man etwas richtig verstanden hat:** 6, 9 • **um Wiederholung / Erklärung bitten:** 2, 4, 8 • **Begriffe umschreiben / sagen, dass man ein Wort nicht verstanden hat:** 3, 5, 7